Standardheft

für die

## ALLROUND-Wettbewerbe

Präzisionsparcours
Aktionsparcours
Eignung für „ALLROUND-Pferde"

Die Deutsche Bibliothek - CIP-Einheitsaufnahme

Allround-Wettbewerbe: Präzisionsparcours, Aktionsparcours, Eignung für „Allround-Pferde" / Hrsg.: Deutsche Reiterliche Vereinigung. - Warendorf: FN-Verl. der Dt. Reiterlichen Vereinigung, 2000
ISBN 3-88542-357-X

1. Ausgabe April 2000

| | |
|---|---|
| **Herausgeber:** | Deutsche Reiterliche Vereinigung e.V. (FN) - Bereich Sport |
| **Texte:** | Ralf Hamacher |
| **Mitwirkung:** | Arbeitskreis „ALLROUND-Wettbewerbe": Christoph Hess, Marlit Hoffmann, Hans-Jürgen Löhmann, Waltraut Weingarten |
| **Computergrafiken:** | Nico Hamacher |
| **Gesamtgestaltung:** | mf graphics, Marianne Fietzeck, Gütersloh |
| **Druck und Verarbeitung:** | SCHNELL Buch & Druck, Warendorf |

ISBN 3-88542-357-X

# Inhaltsverzeichnis

Die Ethischen Grundsätze des Pferdefreundes ................... 4

Vorwort ................................................. 5

Alternative Wettbewerbe ..................................... 6

**Der Präzisionsparcours:**
   Inhalt, Ausschreibungsmöglichkeiten ............................ 9
   Regeln ................................................ 10
   Musterausschreibung ..................................... 12
   Musterparcours ......................................... 15
   Richterblatt ............................................ 20

**Der Aktionsparcours:**
   Inhalt, Ausschreibungsmöglichkeiten ........................... 21
   Regeln ................................................ 22
   Musterausschreibung ..................................... 27
   Musterparcours ......................................... 29

**Der Kombiparcours:**
(Die Kombination aus einem Präzisions- und einem Aktionsparcours)
   Inhalt, Ausschreibungsmöglichkeiten ........................... 32
   Musterausschreibung ..................................... 33
   Musterparcours ......................................... 35
   Richterblatt ............................................ 36

**Eignung für ALLROUND-Pferde:**
   Inhalt, Ausschreibungsmöglichkeiten ........................... 37
   Regeln ................................................ 38
   Musterausschreibung ..................................... 39
   Musterparcours ......................................... 41
   Richterblatt ............................................ 42

**Tipps für die Parcoursgestaltung:**
   Parcoursbau, leicht gemacht ................................ 44
   Symbole ............................................... 47

**Die STANDARDS:**
   Legende .............................................. 50
   Computergrafiken mit Erläuterungen .......................... 54

**Auszüge aus der LPO** ....................................... 86

**ALLROUND-Wettbewerbe**

# Die Ethischen Grundsätze des Pferdefreundes

1. Wer auch immer sich mit dem Pferd beschäftigt, übernimmt die Verantwortung für das ihm anvertraute Lebewesen.

2. Die Haltung des Pferdes muss seinen natürlichen Bedürfnissen angepasst sein.

3. Der physischen wie psychischen Gesundheit des Pferdes ist unabhängig von seiner Nutzung oberste Bedeutung einzuräumen.

4. Der Mensch hat jedes Pferd gleich zu achten, unabhängig von dessen Rasse, Alter und Geschlecht sowie Einsatz in Zucht, Freizeit oder Sport.

5. Das Wissen um die Geschichte des Pferdes, um seine Bedürfnisse sowie die Kenntnisse im Umgang mit dem Pferd sind kulturgeschichtliche Güter. Diese gilt es zu wahren und zu vermitteln und nachfolgenden Generationen zu überliefern.

6. Der Umgang mit dem Pferd hat eine persönlichkeitsprägende Bedeutung gerade für junge Menschen. Diese Bedeutung ist stets zu beachten und zu fördern.

7. Der Mensch, der gemeinsam mit dem Pferd Sport betreibt, hat sich und das ihm anvertraute Pferd einer Ausbildung zu unterziehen. Ziel jeder Ausbildung ist die größtmögliche Harmonie zwischen Mensch und Pferd.

8. Die Nutzung des Pferdes im Leistungs- sowie im allgemeinen Reit-, Fahr- und Voltigiersport muss sich an seiner Veranlagung, seinem Leistungsvermögen und seiner Leistungsbereitschaft orientieren. Die Beeinflussung des Leistungsvermögens durch medikamentöse sowie nicht pferdegerechte Einwirkung des Menschen ist abzulehnen und muss geahndet werden.

9. Die Verantwortung des Menschen für das ihm anvertraute Pferd erstreckt sich auch auf das Lebensende des Pferdes. Dieser Verantwortung muss der Mensch stets im Sinne des Pferdes gerecht werden.

Zu diesem Thema kann die Broschüre „Die Ethischen Grundsätze des Pferdefreundes" mit ausführlichen Erläuterungen sowie ein farbiges Wandposter in kindgemäßer Aufmachung kostenlos bei der Deutschen Reiterlichen Vereinigung e.V. (FN), Warendorf, Telefon (0 25 81) 63 62-0, bezogen werden.

# Vorwort

# Vorwort

Das vorliegende Werk darf ohne Überheblichkeit als logische Konsequenz einer Erfolgsstory betrachtet werden. Denn wie wenige andere Vorhaben der Deutschen Reiterlichen Vereinigung (FN) hat sich das Projekt der „Allround-Wettbewerbe" in kürzester Zeit durchgesetzt und findet stetig neue Anhänger. Verwundern mag dies nicht, manifestieren doch die in den vergangenen Jahren immer stärker werden den Aktivitäten rund um die „Allround-Wettbewerbe" deutlich, dass die Öffnung des Verbandes für die Interessen des Breiten- und Freizeitsportes nicht bloße Lippenbekenntnisse sind, sondern tatsächlich zu den wichtigsten Anliegen des Verbandes für eine zukunftsorientierte Ausrichtung gehören.

Schon die erste Auflage der Broschüre fand nicht nur eine große Nachfrage bei Veranstaltern und Aktiven, sondern erbrachte auch hinsichtlich zahlreicher neuer Ideen und Optimierungsvorschläge eine fast unerwartet große Resonanz. So manche Idee, so mancher Vorschlag, der als Echo auf die erste Auflage erfolgte, findet sich deshalb in dieser zweiten, völlig überarbeiteten Auflage wieder. Ein untrügliches Zeichen dafür, dass die Idee der „Allround-Wettbewerbe" in die richtige Richtung geht und die Interessen der anvisierten Zielgruppen voll trifft.

Den Lesern des Standardheftes wünsche ich viel Freude bei der Lektüre, bin ich doch sicher, dass das Werk für jeden neue Ideen bereithält, deren Umsetzung lohnenswert ist.

Dieter Graf Landsberg-Velen
Präsident der Deutschen
Reiterlichen Vereinigung (FN)

## ALLROUND-Wettbewerbe

# Alternative Wettbewerbe

**Warum ALLROUND-Wettbewerbe?**
Unsere Turnierszene bietet Reitern viele Möglichkeiten: „Klassische" Disziplinen - (hauptsächlich im Dressur- und Springreiten ) Western- und Gangpferdereiten usw. Wer aber so nicht reiten möchte oder kann, dem bieten die ALLROUND-Wettbewerbe" eine echte Alternative.

**Was sind ALLROUND-Wettbewerbe?**
Es sind standardisierte Geschicklichkeitsparcours. Alle Aufgaben entsprechen Situationen, wie wir sie beim Ausreiten, also in Wald und Feld und im Straßenverkehr, antreffen können. Wer diese Aufgaben trainiert, belebt seine tägliche Arbeit mit Pferden und Ponys, hat gute Chancen in den ALLROUND-Wettbewerben und beim Ausreiten nutzt es ihm auch.

**ALLROUND - Reiten steht über allen Methoden:**
In ALLROUND-Wettbewerben können sich Pferde und Reiter unterschiedlicher Reitweisen miteinander im reiterlichen Wettbewerb messen. Dabei wird niemand benachteiligt, alle können chancengleich mitmachen. Gemeinsamer Sport über die Grenzen der Schulen, Methoden und Pferderassen hinaus. Es werden Fähigkeiten verlangt, die die überwiegende Mehrheit aller Reiter bei Ausritten in Feld, Wald und auf der Straße benötigen. Wer diese Fähigkeiten übt und im Wettkampf präsentiert, der hat gleich einen praktischen Nutzen für seine Ausritte.

**„Sowohl - als auch", nicht „entweder-oder"**
Unsere „ALLROUND-Wettbewerbe" sind als *Ergänzung* zu unserem Standard-Turnierprogramm gedacht.Wenn Sie ein Turnier einmal anders veranstalten wollen oder noch nie oder nur selten ein Turnier veranstaltet haben, dann sind die ALLROUND-Wettbewerbe für Sie das Richtige. ALLROUND-Wettbewerbe sind die Turnieralternativen als Einstieg oder Ergänzung oder Höhepunkt. Dafür bieten wir Spielregeln und Anregungen zur technischen Durchführung.

„**ALLROUND**-Wettbewerbe" werden in „Kat.C" ausgeschrieben, es gibt :
den „**Präzisionsparcours**" ,
den „**Aktionsparcours**",
den „**Kombiparcours**" und
die „**Eignungsprüfung für ALLROUND - Pferde**"

# Einleitung

**Der Präzisionsparcours:** (siehe Seiten: 9 bis 20)
Es sind je nach Schwierigkeitsstufe fünf bis neun „Standard- Aufgaben" zu bewältigen. Bewertet werden:
**A: der Stil:** es gibt Wertnoten für :
*„den Gehorsam des Pferdes/Ponys und die Harmonie zwischen Reiter und Pferd bei der Bewältigung der Aufgaben".\**
**B: die Fehler:** die Fehler, die während des Parcours unterlaufen, werden bei der Stilwertnote abgezogen.

<u>\*) Gehorsam und Harmonie" - die entscheidenden Kriterien: Das Pferd im idealen Gehorsam</u> reagiert willig auf die Reiterhilfen, ist vorsichtig, doch couragiert, sehr aufmerksam, mit wachen Sinnen und macht bei der Bewältigung der Aufgaben selbstbewusst und aktiv mit. Harmonie zwischen Reiter und Pferd: Darunter verstehen wir die Übereinstimmung im Wollen und Tun zwischen Reiter und Pferd bei der Bewältigung der Aufgaben, die vertrauensvolle Verständigung zwischen ihnen, die insbesondere durch die feine und wirkungsvolle Hilfengebung deutlich wird, unabhängig von der Reitweise.

**Der Aktionsparcours** (siehe Seiten: 21 bis 31)
Sechs bis zehn „Standard-Aufgaben" sind zu überwinden. Bewertet werden die benötigte Zeit sowie die Fehlerpunkte, die dabei unterlaufen. Der Veranstalter kann unter vielen Bewertungsarten auswählen.

**Der Kombiparcours:** (siehe Seiten: 32 bis 36)
Präzisionsparcours und Aktionsparcours als kombinierter Parcours.

Und dann gibt es noch **die Eignung für „ALLROUND-Pferde"**
(siehe Seiten: 37 bis 42)
„ALLROUND - Pferde" sind unsere „Ausreit-Pferde".
Es gibt zwei Wertnoten:
**Wertnote A:** für „die Grundgangarten"
**Wertnote B:** für einen „Präzisionsparcours Stufe 1"

**Welche Pferde/Ponys können und dürfen teilnehmen?**
Dreijährige und jüngere müssen zu Hause bleiben. Aber: für Vierjährige und ältere gilt: Alle dürfen mitmachen - ohne Ausnahme! Dabei spielen die Reitweisen (Klassisch - Gangpferde - Western), Alter, Rasse, Abstammung etc. keine Rolle. Es ist auch egal, ob es als Turnierpferd eingetragen ist oder nicht. Auch bisherige Turniererfolge in irgendeiner Disziplin oder Klasse bleiben unberücksichtigt.

*Achtung:* In den Ausschreibungen können Einschränkungen vorgesehen sein. Deshalb: <u>unbedingt die Ausschreibungen sorgfältig lesen!</u>

# ALLROUND-Wettbewerbe

### Welche Reiter können und dürfen teilnehmen?
- Alle, sofern sie in der Lage sind, ein Pferd/Pony zu beherrschen.
- Alter und bevorzugte Reitweise spielen ebenso wenig eine Rolle, wie bisherige Turniererfolge oder Leistungsklassen.

*Achtung:* In den Ausschreibungen können Einschränkungen vorgesehen sein. Deshalb: <u>die Ausschreibungen genau beachten</u>.

### Die Schwierigkeitsstufen
Es gibt drei Schwierigkeitsstufen, wobei Stufe 1" die leichteste ist. Die Schwierigkeiten steigern sich zweifach: Wie bei Springprüfungen gibt es von Stufe zu Stufe mehr Aufgaben und zusätzlich werden diese immer schwerer.

### Einfaches Grundmuster mit vielen Variationen
Die beiden Parcours sind in Anlehnung an Dressur- und Springprüfungen aufgebaut. Das erleichtert die Durchführung. Es ist einfach, diese Parcours variationsreich auszuschreiben: nach Alter, als Einzel- oder Mannschaftswettbewerb, in verschiedenen Schwierigkeitsstufen mit/ohne Stechen und dergleichen oder als Kombination. All' das wird durch klare „Standards" und Regeln möglich.

### Standards für fairen Sport!
Die nachfolgenden Standards sind zur Erleichterung für alle Beteiligten gedacht. Wenn man sich daran orientiert, weiß jeder genau, was von ihm verlangt wird. Das erleichtert die Vorbereitung zu Hause und erspart lange Erklärungen bei der Durchführung.

### Vorschläge, keine Vorschriften
Diese Standards sind als ein Angebot gedacht. Der Veranstalter hat die Freiheit, sie anzunehmen oder nicht. Wenn er jedoch danach ausschreibt, dann müssen die Regeln auch befolgt werden.
Alle Aufgaben sind nummeriert, das erleichtert das Ausschreiben: Wird nach Nummern ausgeschrieben, weiß der Reiter, was ihn erwartet. Das umständliche Beschreiben der einzelnen Aufgaben entfällt.

### Freundlicher Hinweis der Autoren an die Leser
Die Bezeichnung „Pferde" im Text bedeutet auch immer „Pferde und Ponys".

### Freundlicher Hinweis der Autoren an die Leserinnen
Falls Sie im Text nur die männliche Form von Reitern, Teilnehmern oder Richtern lesen, fühlen Sie sich bitte auch angesprochen, denn wir verstehen darunter natürlich auch Reiterinnen, Teilnehmerinnen, Richterinnen usw. Wir bitten um Ihr Verständnis für diese redaktionelle Vereinfachung.

# Präzisionsparcours

## Präzisionsparcours

### Inhalt
*Folgende Aufgaben können ausgeschrieben werden:*

| Aufgabe | Nr. | Aufgabe | Nr. |
|---|---|---|---|
| 1) Brücke | 3 | 11) Schlaglöcher | 20 |
| 2) Hohle Gasse | 8 | 12) Slalom | 21 |
| 3) Kreuzen | 9 | 13) Versorgen | 25 |
| 4) Labyrinth | 10 | 14) Wasserpfütze | 26 |
| 5) Mühle | 12 | 15) Weidetor | 27 |
| 6) Parade | 14 | 16) Wende | 28 |
| 7) Querpassage | 16 | 17) Wendehammer | 29 |
| 8) Querschlag | 17 | 18) Windbruch | 30 |
| 9) Rein-Raus | 18 | 19) Wippe | 31 |
| 10) Sackgasse | 19 | 20) Überraschung * | |

*) Zusätzlich kann eine Aufgabe nach freier Erfindung des Veranstalters eingebaut werden, sozusagen als „Überraschung" für den Teilnehmer. Sie muss dem Niveau des übrigen Parcours entsprechen.

### Ausschreibungsmöglichkeiten:

1) *Nach Schwierigkeiten:*     Stufe 1 = 5 bis 7 Aufgaben  
                                      Stufe 2 = 6 bis 8 Aufgaben  
                                      Stufe 3 = 7 bis 9 Aufgaben

2) *Nach Bewertungsmodus :*     Modus 1 = Gesamtwertnote  
                                      Modus 2 = Einzelwertnoten

3) *Nach Qualifikation:*     z.B.: - Die besten 10 (oder 15) können am Präzisionsparcours der nächst höheren Stufe teilnehmen.

Weitere Ausschreibungsmöglichkeiten sind auf Seite 13 angegeben (Musterausschreibung).

## ALLROUND-Wettbewerbe

# Präzisionsparcours
## Regeln für die Durchführung

### Aufbau
1. Der Präzisionsparcours kann in einer Halle oder auf dem Außenplatz aufgebaut werden.

2. Die Aufgaben aus dem Standardheft gemäß Ausschreibung aufbauen. Die Reihenfolge ist beliebig. Am besten so aufbauen, dass die Reiter gleich nach Beendigung einer Aufgabe ohne große Umwege eine andere beginnen können (nach Art einer Perlenschnur), das spart Zeit.

3. Die Aufgaben durchnummerieren, um Reihenfolge und Richtung deutlich zu machen.

### Ausführung und allgemeine Regeln

1) Parcoursbesichtigung zu Pferde oder in der Gruppe ist möglich.

2) Die Aufgaben sind vom Teilnehmer in der vorgesehenen Reihenfolge und Richtung zu bewältigen.

3) Fehler an Aufgaben, die zählen, sind in den „Standards" angegeben.

4) Der Reiter muss versuchen, jede Aufgabe zu bewältigen. Dafür stehen je Aufgabe 15 Sekunden zur Verfügung. Ist diese Zeit abgelaufen, ohne dass die Aufgabe begonnen wurde, so wird abgeklingelt, er bekommt die vorgesehenen Fehlerpunkte angerechnet und beginnt mit der nächsten Aufgabe. Er scheidet nicht aus. Beim Versuch (Verweigern) muss er bis zum Abläuten warten, dann erst darf er mit der nächsten Aufgabe beginnen. Reitet der Reiter weiter, bevor er abgeklingelt wurde, scheidet er aus.

5) Nach dem 3. Abklingeln während des Gesamtparcours scheidet der Reiter aus.

6) Ausgeschieden ist, wer eine Aufgabe in der falschen Reihenfolge und/oder Richtung überwindet.

7) Ausgeschieden ist, wer eine Aufgabe auslässt, ohne vorher versucht zu haben, sie zu bewältigen.

# Präzisionsparcours

# Präzisionsparcours
## Bewertungsmöglichkeiten

### Modus 1, Gesamtwertnote
(analog Springpferdeprüfung ohne Zeitwertung)

**Für den gesamten Ritt** bekommt der Reiter eine Wertnote für „Gehorsam und Harmonie", abzüglich der Fehlerpunkte.

Es wird eine Note von 0 - 10 vergeben. ( Dabei wird nur der „ Gehorsam des Pferdes und die Harmonie zwischen Reiter und Pferd" bewertet. „Verweigern" geht in diese Wertnote ein.) Von dieser Note werden folgende Fehlerpunkte abgezogen:

- ein Fehler:     0,5 Punkte     (höchstens **einen** Fehler an einer Aufgabe anrechnen, egal wie viele Fehler gemacht werden oder Stangen fallen)
- Auslassen:      1.0 Punkt

### Modus 2: Einzelwertnote

Dieser Modus ist der gerechtere, weil er die Leistungen an den einzelnen Aufgaben mit ihren sehr unterschiedlichen Schwierigkeiten viel besser differenziert.

**Für jede Aufgabe** bekommt der Reiter eine Wertnote für „Gehorsam und Harmonie", abzüglich der Fehlerpunkte.

Es werden Noten von 0 - 10 vergeben. ( Dabei wird nur der „Gehorsam des Pferdes und die Harmonie zwischen Reiter und Pferd" bewertet. „Verweigern" geht in diese Wertnote ein.) Diese Noten werden addiert. Von der Gesamtwertnotenzahl werden folgende Fehlerpunkte abgezogen:

- ein Fehler:     3.0 Punkte     (höchstens **einen** Fehler an einer Aufgabe anrechnen, egal wie viele Fehler gemacht werden oder Stangen fallen)
- Auslassen      6.0 Punkte

Über die Platzierung entscheidet die Gesamtpunktzahl. Je höher, desto besser.

# ALLROUND-Wettbewerbe

*Hinweis für die Veranstalter*
Für die Zeiteinteilung ist es wichtig zu wissen, dass in der Regel ein Reiter ca. 2 bis 3 Minuten für seinen Parcours benötigt.

*Hinweis für Richter*
Zur genauen Ermittlung der 15 sek. „Verweigerungszeit" halten Sie bitte stets eine Stoppuhr in Bereitschaft; sie muss sofort gedrückt werden, wenn sie das erste Zögern des Pferdes vor einer Aufgabe bemerken.
Zur Protokollierung eignet sich am besten ein normaler Springblock, den man sich sehr einfach nach beiliegendem Muster einteilen kann (siehe Seite 20).

## Große Starterfelder

Bei großen Starterfeldern - mehr als 31 Starter - hat sich folgendes Verfahren bewährt: Wenn der erste Reiter etwa bei der Hälfte seines Parcours angekommen ist, lässt man den zweiten schon mit seinem Parcours beginnen, d.h. es sind immer zwei Reiter in der Bahn.

Voraussetzungen dafür:
1) Es sind zwei Richter anwesend. Der erste nimmt den 1., 3., 5. Starter und der zweite den 2., 4., 6. usw. Starter.
2) In zwei Abteilungen platzieren ( es sind von Anfang an mehr als 31 Starter auf der Starterliste).
3) Es steht ein flinker Hindernisdienst bereit.

**Vorteil:** In der zur Verfügung stehenden Zeit kann die doppelte Anzahl Starter den Parcours bewältigen.

# Präzisionsparcours Stufe

### Ausschreibungsbeispiel
# Präzisions-Parcours Stufe 1(oder 2 oder 3)

|  |  |
|---|---|
|  | A) Ehrenpreis dem Sieger **oder**<br>B) Ehrenpreise oder DM 200,– |
| Zugelassene Pferde: | 4-jährige und ältere Pferde und Ponys **oder**<br>nur Schulpferde, nur Ponys **oder**<br>nur Pferde ohne Eintragung als Turnierpferde usw. Jedes Pferd/Pony darf max. einmal **oder**<br>unter unterschiedlichen Reitern max. zweimal starten |
| Zugelassene Reiter : | Junioren und Junge Reiter **oder**<br>Reiter und Senioren **oder**<br>Reiter aller Altersklassen **oder**<br>Mannschaft (3 o.4 Reiter) |
| Anforderung: | Stufe 1: Aufgaben 1, 2, 3, 7, 8, (10,14) **oder:**<br>Stufe 2: Aufgaben 2, 3, 5, 6, 9, 10, (11,13) **oder:**<br>Stufe 3: Aufgaben 2, 5, 6, 8, 9,10,11, (12,14) |
| Bewertung: | Modus 1 **oder** 2 |
| Ausrüstung: | Reiter gemäß „Standardheft"<br>Pferd gemäß „Standardheft" |
| Einsatz: | bei A): DM   6,– **oder**<br>bei B): DM 10,– |
| Startfolge: | x |
| Verlangt: | 10 Nennungen |

**Qualifikation:** Zum Beispiel: Die ersten acht (oder 10 oder 15, je nach Beteiligung) sind qualifiziert für einen Präzisionsparcours der nächst höheren Stufe. Dieser muss dann als eine eigene Prüfung ausgeschrieben werden.

# Präzisionsparcours Stufe I (leicht)

## Beispiel

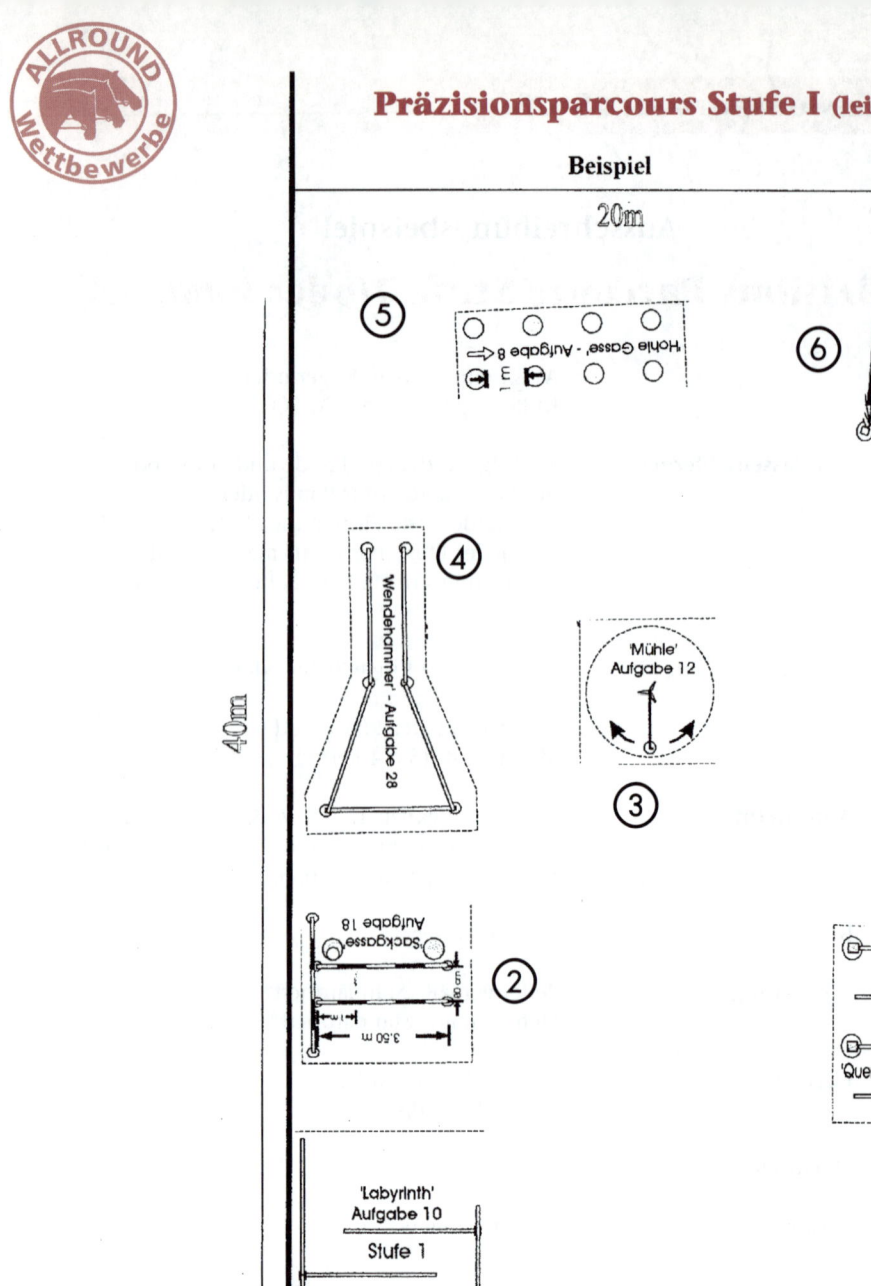

Richter

# Präzisionsparcours

### Erläuterungen zum Musterparcours
# „Präzisionsparcours" Stufe I

Beachten Sie, dass Ihr Musterparcours **DIN A4-Größe** hat, wir haben ihn hier aus Formatgründen auf DIN A5 verkleinert.

Beim Aufbauen darauf achten, dass die Wege zwischen den Aufgaben kurz sind, um Zeit zu sparen. Bewertet wird ja nur das, was vor und in den Aufgaben geschieht.

Auch draußen möglichst auf einer Fläche von 20 x 40 m aufbauen.

| | |
|---|---|
| Aufgabe 1: | **Labyrinth,** gleich zu Beginn eine Aufgabe, die Trittsicherheit und Gehorsam prüft und so den ersten wichtigen Eindruck vermittelt. |
| Aufgabe 2: | **Sackgasse,** an dieser Durchlässigkeitsübung trennt sich schon „die Spreu vom Weizen". |
| Aufgabe 3: | **Mühle,** eine echte Geschicklichkeitsübung für Reiter, die auch ein gutes Maß an Durchlässigkeit vom Pferd verlangt. Wenn keine „Mühle" vorhanden ist, kann hier auch das **„Weidetor"** platziert werden. Man sollte möglichst eine reine Geschicklichkeitsübung auch im Präzisionsparcours einbauen. |
| Aufgabe 4: | **Wendehammer,** wiederum wird Durchlässigkeit verlangt. |
| Aufgabe 5: | **Hohle Gasse,** wer bis hier fehlerfrei gekommen ist, wird auch diese Gehorsamkeits- u. Geschicklichkeitsübung meistern. Falls keine Fässer zur Hand, kann als Alternative hier die **Brücke** aufgebaut werden. |
| Aufgabe 6: | **Windbruch** sollte man möglichst in die Ecken verlegen, um Platz zu sparen. Als Alternative kann auch „**Kreuzen**" aufgebaut werden, beides Trittsicherheitsaufgaben. Nun muss angetrabt werden, denn für den |
| Aufgabe 7: | **Querschlag** wird Trab verlangt. Das muss in der Parcoursskizze oder bei der gemeinsamen Parcoursbesichtigung den Teilnehmern deutlich gemacht werden. Die Parade danach gehört mit zum Parcours und geht in die Benotung ein. |

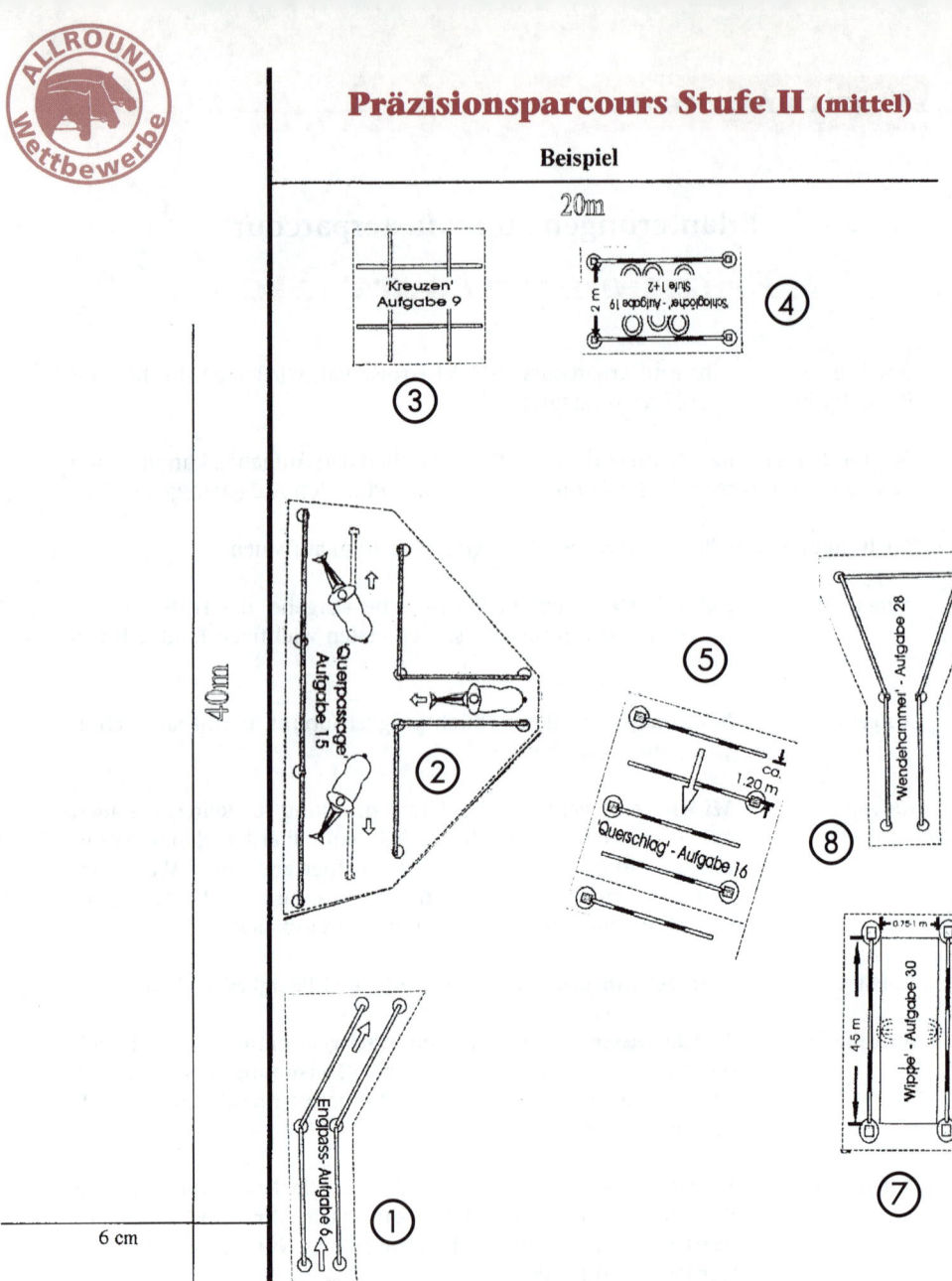

# Präzisionsparcours

## Erläuterungen zum Musterparcours
# „Präzisionsparcours" Stufe II

Beachten Sie, dass Ihr Musterparcours **DIN A4-Größe** hat, wir haben ihn hier aus Formatgründen auf DIN A5 verkleinert.

Auch draußen möglichst auf einer Fläche von 20 x 40 m aufbauen.

1. **Engpass,** zum Einstieg eine leichte, einladende Aufgabe.

2. Die **Querpassage** verlangt klare Durchlässigkeit auf einseitige Hilfen, hier trennt sich die „Spreu vom Weizen".

3. Wieder Wechsel der Anforderung: **Kreuzen** als reine Trittsicherheitsaufgabe und wieder Wechsel.

4. **Schlaglöcher**, verlangt Gehorsam. Danach antraben aus der Ecke, um das Pferd an die Hilfen zu stellen, denn im

5. **Querschlag** wird Trab verlangt. Dies muss den Teilnehmern vorher klar gemacht werden. (Parcoursskizze oder Info) Danach durchparieren, die Ecke hilft dabei, denn

6. **Labyrinth** kann nur im Schritt genommen werden.

7. **Wippe** verlangt wieder absoluten Gehorsam, schließlich noch

8. **Wendehammer**, in dem zum Abschluss noch einmal die Durchlässigkeit gezeigt werden kann.

*Anmerkung:* Das „**Weidetor**" wird vielfach als erste oder letzte Aufgabe eingebaut. Sie benötigt in der Regel viel Zeit, also nur nehmen, wenn kleine Starterfelder erwartet werden.

# Präzisionsparcours Stufe III (schwer)

Beispiel

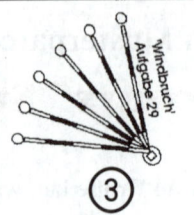

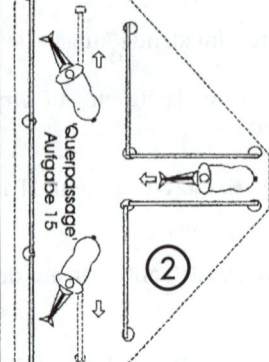

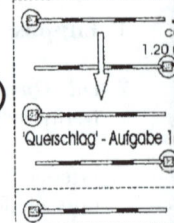
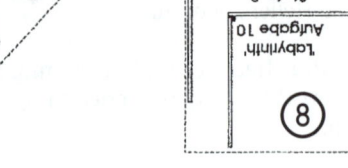
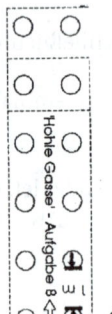
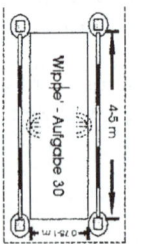

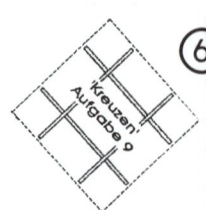

# Präzisionsparcours

## Erläuterungen zum Musterparcours
# „Präzisionsparcours" Stufe III

Beachten Sie, dass Ihr Musterparcours DIN A4-Größe hat, wir haben ihn hier aus Formatgründen auf DIN A5 verkleinert.

Auch draußen möglichst auf einer Fläche von 20 x 40 m aufbauen.

1. **Hohle Gasse,** als Einstieg für Fortgeschrittene eine leichte Übung.
2. **Querschlag** fragt Durchlässigkeit. Sie können eine Richtung vorschreiben, z.B. „nur nach rechts", dann die Passage nach links schließen.
3. **Windbruch** in der Ecke aufbauen, um Platz zu sparen. Trittsicherheit ist gefragt.
4. Danach Durchlässigkeit in der **Wende**.
5. Antraben aus der Ecke, **Querschlag** ist im Trab zu nehmen (den Teilnehmern das vorher deutlich machen), nun wieder durchparieren (wird mitbenotet!), denn
6. **Kreuzen** kann nur im Schritt gemeistert werden, jetzt folgt mit der
7. **Wippe** eine Gehorsamkeitsübung, in Stufe 3 hin und zurück zu reiten, also auch mit Durchlässigkeitanforderung kombiniert. Gute Vorübung für das
8. **Labyrinth**, eine Durchlässigkeitsübung mit Rückwärtsrichten.

Der stetige Wechsel der unterschiedlichen Anforderungen wird in diesem Parcours deutlich und steigert den Schwierigkeitsgrad.

*Anmerkung:* Das **Weidetor** wird vielfach als erste oder letzte Aufgabe eingebaut. Sie benötigt in der Regel viel Zeit, also nur nehmen, wenn kleine Starterfelder erwartet werden.

# ALLROUND-Wettbewerbe
## Springprü[fung]

**PRÄZISIONS-PARCOURS**
**EINZELWERTNOTEN**
**STUFE 1, MODUS: 2**

Nr. der Prüfung .......... Art der Prüfung
Veranstaltungsort ...............
Länge der Bahn .......... m, Erlaubte Zeit

| Hindernisse: Progr.-Nr.: | 1 | | 3 | | 18 | | 20 | | 2. | |
|---|---|---|---|---|---|---|---|---|---|---|
| | WN | F | WN | F | WN | F | WN | F | WN | F |
| 1) LABYRINTH | 8 | | 6.5 | | 3 | | 9 | | 7 | |
| 2) KREUZEN | 7.5 | | 6 | | 3 | | 8.5 | | 6 | |
| 3) BRÜCKE | 7.5 | | — | | 6 | | 8 | | 8 | |
| 4) SACKGASSE | 6 | 3 | 7.5 | | | | 9 | | 6.5 | |
| 5) HOHLE GASSE | — | | 6 | | 6 | | 9 | | — | |
| 6) WINDBRUCH | 7 | | 6 | | 3 | | 9 | | 5 | |
| 7) QUERSCHLAG | 6 | 3 | — | | 6 | | 8 | | 7 | |
| SUMME | 42 | 12 | 32 | 21 | | | 60.5 | | 39.5 | 12 |
| MINUS FEHLER | 12 | | 21 | | | | | | 12 | |
| ENDERGEBNIS | 30 | | 11 | | | | 60.5 | | 27.5 | |
| PLATZ | II | | IV | | | | I | | III | |

Strafpunkte
Zeitstrafpunkte oder Stilnote
Strafpunkte gesamt
Zeit
Placierung

## Aktions-Parcours

# Aktions-Parcours

*Folgende Aufgaben können ausgeschrieben werden:*

| Aufgabe | Nr. | Punkte* | Aufgabe | Nr. | Punkte* |
|---|---|---|---|---|---|
| 1) Abwehren | 2 | 40 | 11) Querschlag | 17 | 90 |
| 2) Brücke | 3 | 30 | 12) Rein-Raus | 18 | 50 |
| 3) Dickicht | 4 | 20 | 13) Schlaglöcher | 20 | 30 |
| 4) Durchsprung | 5 | 50 | 14) Slalom | 21 | 70 |
| 5) Engpass | 6 | 30 | 15) Sprung | 22 | 30 |
| 6) Hohle Gasse | 8 | 100 | 16) Umsetzen | 24 | 50 |
| 7) Mitnehmen | 11 | 50 | 17) Wasserpfütze | 26 | 30 |
| 8) Nadelöhr | 13 | 60 | 18) Windbruch | 30 | 100 |
| 9) Parade | 14 | 30 | 19) Überraschung ** | | |
| 10) Quer-Ast | 15 | 10 | | | |

*) Gutpunkte für die Punktebewertung gem. Modus 2
**) Zusätzlich kann eine Aufgabe nach freier Erfindung des Veranstalters eingebaut werden, sozusagen als „Überraschung" für den Teilnehmer. Sie muss dem Niveau und der Schwierigkeitsstufe des übrigen Parcours entsprechen. Für diese ermitteln Sie die Punkte bei der Punktewertung selbst, bitte schätzen Sie die Schwierigkeiten im Verhältnis zu den anderen Aufgaben richtig ein!

**Ausschreibungsmöglichkeiten:**

1) *Nach Schwierigkeiten:*  - Stufe 1 = 6 bis 8 Aufgaben
 - Stufe 2 = 7 bis 9 Aufgaben
 - Stufe 3 = 8 bis 10 Aufgaben

2) *Nach Bewertungsmodus:*  - Modus 1.1 oder (1.2) (Fehler/Zeit)
 - Modus 2.1 oder (2.2) (Punktewertung)
 - Mit Joker ?( bitte angeben)
 - Modus 3 (Zeitwertung)
 - Modus 4 ( Stilwertung)

3) *Nach Qualifikation: z.B.:*  - Die besten 10 (oder15) können an einem Aktionsparcours der nächst höheren Stufe teilnehmen.

Weitere Ausschreibungsmöglichkeiten sind auf Seite 27 angegeben (Musterausschreibung).

# ALLROUND-Wettbewerbe

## Aktionsparcours
### Regeln für die Durchführung:

**Aufbau:**
1. Der Aktionsparcours kann in einer Halle und auch auf einem freien Platz aufgebaut werden.

2. Die Aufgaben gemäß Ausschreibung nach dem Standardheft aufbauen.
Die Reihenfolge ist beliebig. Die Aufgaben so über den Platz verteilen, dass der Reiter zwischen den Aufgaben Strecken und Wendungen reiten muss; damit er „Zeit gutmachen kann". Wir empfehlen den Aufbau analog einer Springprüfung für ein Zeitspringen. Dadurch kommt Bewegung, Aktion und Spannung in den Parcours.

3. Aufgaben durchnummerieren, um Reihenfolge und Richtung deutlich zu machen.

*Ausführung und allgemeine Regeln:*
1) Parcoursbesichtigung in der Gruppe oder zu Pferde ist möglich.

2) Die Aufgaben sind vom Teilnehmer in der vorgesehenen Reihenfolge und Richtung zu bewältigen.

3) Es erfolgt eine Zeitwertung. Die Messung beginnt, wenn der Teilnehmer durch die Startlinie reitet und endet, wenn er die Ziellinie passiert.

4) Fehler an Aufgaben, die zählen, sind in den „Standards" angegeben.

5) Der Reiter muss versuchen, jede Aufgabe zu bewältigen. Dafür stehen je Aufgabe 15 Sekunden zur Verfügung. Ist diese Zeit abgelaufen, ohne dass die Aufgabe begonnen wurde, so wird abgeklingelt; er bekommt die vorgesehenen Fehlerpunkte angerechnet und beginnt mit der nächsten Aufgabe. Er scheidet nicht aus. Beim Versuch (Verweigern) muss er bis zum Abläuten warten, dann erst darf er mit der nächsten Aufgabe beginnen. Reitet der Reiter weiter, bevor er abgeklingelt wurde, scheidet er aus.

6) Nach dem 3. Abklingeln während des Gesamtparcours scheidet der Reiter aus.

7) Ausgeschieden ist, wer eine Aufgabe in der falschen Reihenfolge und/oder Richtung überwindet.

8) Ausgeschieden ist, wer ein Aufgabe auslässt, ohne vorher versucht zu haben, sie zu bewältigen.

# Aktions-Parcours

# Aktionsparcours:
## Bewertungsmöglichkeiten

## Modus 1, Fehler und Zeit:

1) Bewertet werden die Leistungen von Reiter und Pferd im Parcours. Die Zeit zwischen Start und Ziel wird gemessen. Die Fehlerpunkte werden addiert. Die Platzierung erfolgt nach den Fehlerpunkten und der gebrauchten Zeit. Bei Punktgleichheit entscheidet die kürzere Zeit. Bei Zeit- und Punktgleichheit = gleicher Platz.

2.) Mit einmaligem Stechen:
Wie 1.), jedoch bei Punkt- und Zeitgleichheit auf dem ersten Platz erfolgt ein einmaliges Stechen über den gleichen Parcours.

*Achtung:*
Hierbei muss eine Höchstzeit festgelegt werden. Sie soll in etwa die doppelte „Normalzeit" ausmachen. Die Normalzeit ( auch „erlaubte Zeit" genannt) ist die Zeit, die ein Teilnehmer benötigt, der seinen Parcours unter normalen Bedingungen – also ohne Verweigern etc.- zügig absolviert. Kann vorher von einem erfahrenen Parcourschef ermittelt werden oder von den Richtern bis spätestens nach der Parcoursbeendigung des dritten Teilnehmers (ohne Sturz bzw. Ungehorsam) festgelegt werden. Wird die Höchstzeit überschritten, wird der Teilnehmer abgeläutet und scheidet aus.

## Modus 2, Punktewertung:

Kommentar: die „spannendste" Version. Mit Joker besonders spannend!
Der Teilnehmer bekommt für jede fehlerfrei bewältigte Aufgabe die vorgesehenen Punkte. Wird an einer Aufgabe nur ein Fehler gemacht, gibt es an dieser Aufgabe keine Punkte.

Variante 1): Der Reiter überwindet den Aktionsparcours einmal in der vorgeschriebenen Reihenfolge und Richtung. Die Platzierung erfolgt nach Punkten und Zeit.

Variante 2): (Punktewertung mit **Festzeit, vorgeschriebener Parcours**)
Der Reiter überwindet den Aktionsparcours in der vorgeschriebenen

# ALLROUND-Wettbewerbe

Reihenfolge und Richtung, jedoch in einer „Festzeit". Für alle Teilnehmer wird vorher eine „Festzeit" bekannt gegeben. Innerhalb dieser Zeit kann er so viele Punkte sammeln wie möglich. Nach der letzten Aufgabe beginnt der Reiter wieder bei der ersten.

Die Zeitmessung beginnt beim Durchreiten der Startlinie. Das Ende wird durch Klingelzeichen bekannt gegeben. Ist der Teilnehmer zu diesem Zeitpunkt in einer Aufgabe, wird diese noch gewertet.

**Variante 3):** (Punktewertung mit **Festzeit, beliebiger Parcours**)
Wie Variante 2, jedoch können die Aufgaben in beliebiger Reihenfolge und Richtung und auch öfter überwunden werden. Jede Aufgabe jedoch maximal zweimal.

Platzierung erfolgt nach Punktzahl. Bei gleicher Punktzahl gleicher Platz. Bei gleicher Punktzahl auf dem ersten Platz erfolgt ein einmaliges Stechen über den gleichen Parcours.

### Mit JOKER:
Wahlweise kann ein JOKER (200 Pkte.) aufgebaut werden. Dieser kann nach Beendigung des Parcours versucht werden. Wird er versucht, aber nicht bewältigt, werden 200 Punkte abgezogen.

## Modus 3, Zeitwertung:

Kommentar: Diesen Modus nur auschreiben, wenn man wirklich erfahrene Teilnehmer erwartet.

Die im Parcours gesammelten Fehler werden mit 5 multipliziert und der benötigten Zeit zum Endergebnis hinzugerechnet ( 1 Fehler = 5 zusätzliche Sekunden)

**Stafetten:** zu Kombinieren mit Modus 1, 2, 3

Zwei Teilnehmer bilden eine Stafette. Der zweite beginnt seinen Parcours, wenn der erste seinen beendet hat. Die Ergebnisse werden zusammengezählt.

# Aktions-Parcours

**Mannschaften:** zu kombinieren mit Modus 1, 2, 3

Vier (oder drei) Teilnehmer bilden eine Mannschaft. Jeder absolviert seinen Parcours für sich in der vorgesehenen Startfolge. Die drei (oder zwei) besten Ergebnisse werden zusammengezählt.

## Modus 4, mit Stilwertung:

Für den gesamten Ritt gibt es eine **Stil-Wertnote** ( abzüglich der Fehlerpunkte) in der gebrauchten Zeit.
Es wird eine Note von 0 - 10 vergeben. ( Dabei wird nur der „Gehorsam des Pferdes und die Harmonie zwischen Reiter und Pferd" bewertet. „Verweigern" geht in diese Wertnote ein). Von dieser Note werden folgende Fehlerpunkte abgezogen:

- ein Fehler:         0,5 Punkte (höchstens einen an einer Aufgabe)
- Auslassen         1,0 Punkt

Die Platzierung richtet sich nach der Höhe der Wertnote. Bei Wertnotengleichheit entscheidet die kürzere benötigte Zeit.

*Hinweis für die Veranstalter:*
Für die Zeiteinteilung ist es wichtig zu wissen, dass in der Regel ein Reiter ca. 2 Minuten für seinen Parcours inklusive Ein- und Ausreiten benötigt.

*Hinweise für die Richter:*
Zur genauen Ermittlung der 15 sek. „Verweigerungszeit" halten Sie bitte stets eine Stoppuhr in Bereitschaft ; sie muss sofort gedrückt werden, wenn Sie das erste Zögern des Pferdes vor einer Aufgabe bemerken.
Benutzen Sie bitten einen normalen Springblock für das Protokoll, da die Bewertungsverfahren die gleichen sind wie für Spring- und Springpferdeprüfungen.

**WICHTIG:**
1. Für jeden Teilnehmer ist ein eigenes Formular zu verwenden.
2. Alle Pferde/Ponys müssen gegen Influenza-Viren geimpft sein (vgl. § 66.3.10 LPO und entsprechende Durchführungsbestimmungen). Die Kontrolle des Impfschutzes durch den Tierarzt kann während der PS/PLS jederzeit erfolgen. Dafür ist der Impfpass bzw. Pferdepass mitzuführen.

# NENNUNGSFORMULAR KAT. C
(unbedingt zu verwenden ab 1.1.2000)

**Angaben zum 1. Pferd/Pony /Aufkleber bei FN-eingetragenen Pferden/Ponys:**

Name des Pferdes/Ponys: _____

Geburtsjahr: _____ Geschlecht: _____ Farbe: _____

Zuchtgebiet: _____ Vater: _____ Stockmaß: _____

Besitzer (Name, Wohnort): _____

(Dieses Pferd/Pony startet hier noch zusätzlich mit dem)

Teilnehmer: _____
Geburtsjahr: _____ LKl.: _____ ☐ auch in Kat. B)

**Angaben zum 2. Pferd/Pony /Aufkleber bei FN-eingetragenen Pferden/Ponys:**

Name des Pferdes/Ponys: _____

Geburtsjahr: _____ Geschlecht: _____ Farbe: _____

Zuchtgebiet: _____ Vater: _____ Stockmaß: _____

Besitzer (Name, Wohnort): _____

(Dieses Pferd/Pony startet hier noch zusätzlich mit dem)

Teilnehmer: _____
Geburtsjahr: _____ LKl.: _____ ☐ auch in Kat. B)

Mit der Abgabe der Nennungen werden zugleich für alle an der Turnierteilnahme der Pferde beteiligten Personen (z.B. Besitzer, Ausbilder, Reiter/ Fahrer, Pfleger) die LPO, die Besonderen Bestimmungen der Landeskommission, die Ausschreibung sowie die für diese Veranstaltung gültigen Allgemeinen und Besonderen Bestimmungen als verbindlich anerkannt.

X _____  _____
Tag/Unterschrift des Nenners/gesetzlichen Vertreters bei Minderjährigen  Telefonnummer

**Zur PS/PLS am:** _____ **in:** _____

Hier bitte in den jeweiligen Prüfungen die Anzahl der gewünschten Starts eintragen!

| 1 | 2 | 3 | 4 | 5 | 6 | 7 | 8 | 9 | 10 |
|---|---|---|---|---|---|---|---|---|---|
| 11 | 12 | 13 | 14 | 15 | 16 | 17 | 18 | 19 | 20 |
| 21 | 22 | 23 | 24 | 25 | 26 | 27 | 28 | 29 | 30 |
| 31 | 32 | 33 | 34 | 35 | 36 | 37 | 38 | 39 | 40 |
| 41 | 42 | 43 | 44 | 45 | 46 | 47 | 48 | 49 | 50 |
| 51 | 52 | 53 | 54 | 55 | 56 | 57 | 58 | 59 | 60 |

Hier die Gesamtzahl der genannten **Starts** eintragen ☐

**Angaben zum Teilnehmer:**

Name: _____ Vorname: _____

Strasse: _____ PLZ: _____

Wohnort: _____ Tel.: _____ LKl.: _____

Geburtsdatum: _____ Stamm-Mitglied im RV: _____

ggf. Reitausweisnr.: _____

Scheck für Einsätze, Förderbeitrag pro Start, evtl. Stallgeld liegt bei in Höhe von
☐ DM ☐ Lux Fr ☐ Euro (zutreffende Währung bitte ankreuzen)

Die Richtigkeit der gemachten Angaben wird versichert: X _____

# Aktions-Parcours

## Ausschreibungsbeispiel:
# Aktions-Parcours Stufe 1 (oder 2 oder 3)

|  |  |
|---|---|
|  | A) Ehrenpreis dem Sieger **oder**<br>B) Ehrenpreise oder DM 200,00 |
| Zugelassene Pferde: | 4-jährige und ältere Pferde **oder**<br>nur Pferde **oder** nur Ponys<br>jedes Pferd/Pony darf max.<br>einmal **oder** zweimal starten |
| Zugelassene Reiter*: | Reiter aller Altersklassen **oder**<br>Junge Reiter oder Junioren **oder**<br>Junioren und Junge Reiter **oder**<br>nur männliche **oder** weibliche Reiter<br>Reiter ab z.B. 35 Jahre oder Senioren<br>Mannschaft (3 o. 4 Reiter) |
| Anforderung: | Stufe 1: Hindernisse 1, 3, 4, 6, 7, 8, (10,13) **oder**<br>Stufe 2: Hindernisse 1, 2, 4, 6, 10, 11, 14 (16, 17) **oder**<br>Stufe 3: Hindernisse 2, 4, 6, 8, 9, 11, 13, 15 (17, 18) |
| Bewertung: | Modus 1 (Fehler/Zeit) Version 1 **oder** 2<br>Modus 2 (Punktewertung) Version 1 **oder** 2<br>Modus 3 (Zeitwertung) **oder** Modus 4 ( Stil)<br>Für Stafetten **oder** Mannschaften(3 o.4.) |
| Ausrüstung: | Reiter gemäß „Standardheft"<br>Pferde gemäß „Standardheft" |
| Einsatz: | **bei A)**: DM 6,- oder<br>**bei B)**: DM 10,- |
| Startfolge: | x       Verlangt: 10 Nennungen |
| Qualifikation: | d. h. die besten 7 (oder 10 oder 15, je nach Beteiligung) sind qualifiziert für einen Aktionsparcours der nächsthöheren Stufe. (Dies wäre dann eine separate Prüfung, die auch separat ausgeschrieben werden muss.) |

# Aktionsparcours Stufe I (leicht)
### Beispiel

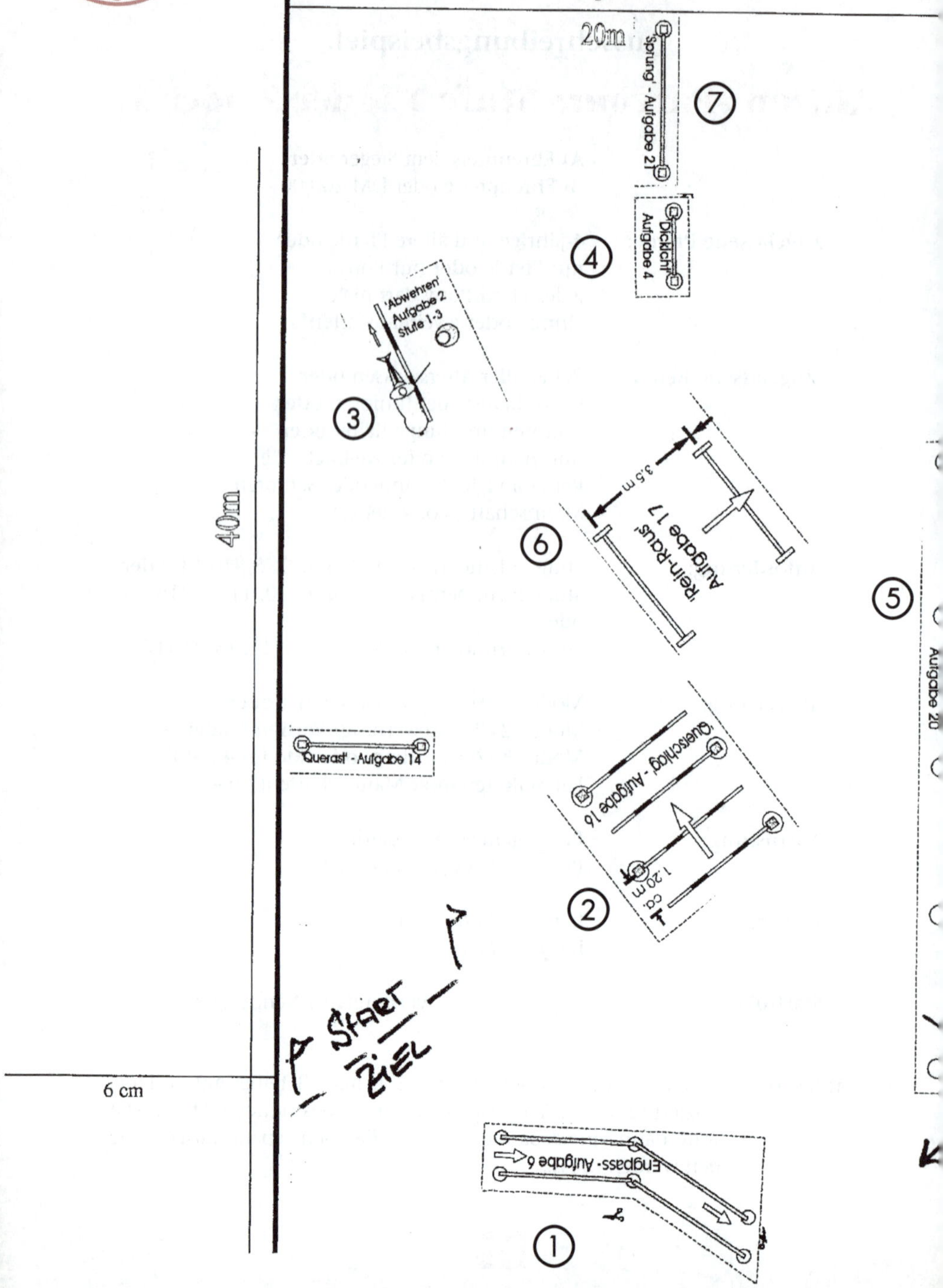

# Aktions-Parcours

### Erläuterungen zum Musterparcours
# „Aktionsparcours" Stufe I (leicht)

Die Darstellung bezieht sich auf einen Platz von 20 x 40 m.
Beachten Sie, dass Ihr Musterparcours **DIN A4-Größe** hat, wir haben ihn hier aus Formatgründen auf DIN A5 verkleinert.
**Grundüberlegung:** Zuerst die Schritt-, dann die Trab- und schließlich die Galoppaufgaben und stetiger Wechsel der verschiedenen Anforderungen.

1. **Engpass** als vorsichtiger Anfang. (Wenn man genügend Tonnen hat, kann man auch Hohle Gasse nehmen.)
   Auf die Diagonale gehen. Aus der Ecke antraben, um das Pferd an die Hilfen zu stellen, denn

2. **Querschlag** ist im Tab zu nehmen. Der Reiter steht nun vor der Frage:

3. **Abwehren** im Trab nehmen, d.h. Zeitgewinn, aber mit höherem Fehlerrisiko oder Durchparieren = Zeit verlieren. Eine Geschicklichkeitsübung, die Durchlässigkeit vom Pferd verlangt.

4. **Dickicht** aus der Ecke heraus ist nicht so „schrecklich" wie auf der langen Seite.

5. Der **Slalom** sollte schon im Trab genommen werden. Dass man an der ersten Tonne links vorbei muss, muss deutlich angezeichnet werden (Nummer an die rechte Seite stellen und so den Einstieg von rechts sperren). Wenn der Reiter falsch anfängt, bleibt die letzte Tonne aus, was ein Fehler wäre.

6. Jetzt rechts angaloppieren (die zwei Ecken erleichtern das), so macht **Rein-Raus** kein Problem. Danach ist ein Galoppwechsel fällig, denn

7. der **Sprung** ist im Linksgalopp zu nehmen. Wir bleiben im Galopp, denn

8. der **Querast** kann ohne weiteres im Galopp genommen werden.
   (Wir müssen hier einen Helfer hinstellen, der die Höhe entsprechend auf Pferde oder Ponys einstellt. Es sei denn, die Abteilung ist in Pferde und Ponys eingeteilt worden.)

Start und Ziellinie bitte deutlich markieren, sonst wird sie im Eifer des Gefechtes übersehen! ( Schild: „START / ZIEL")

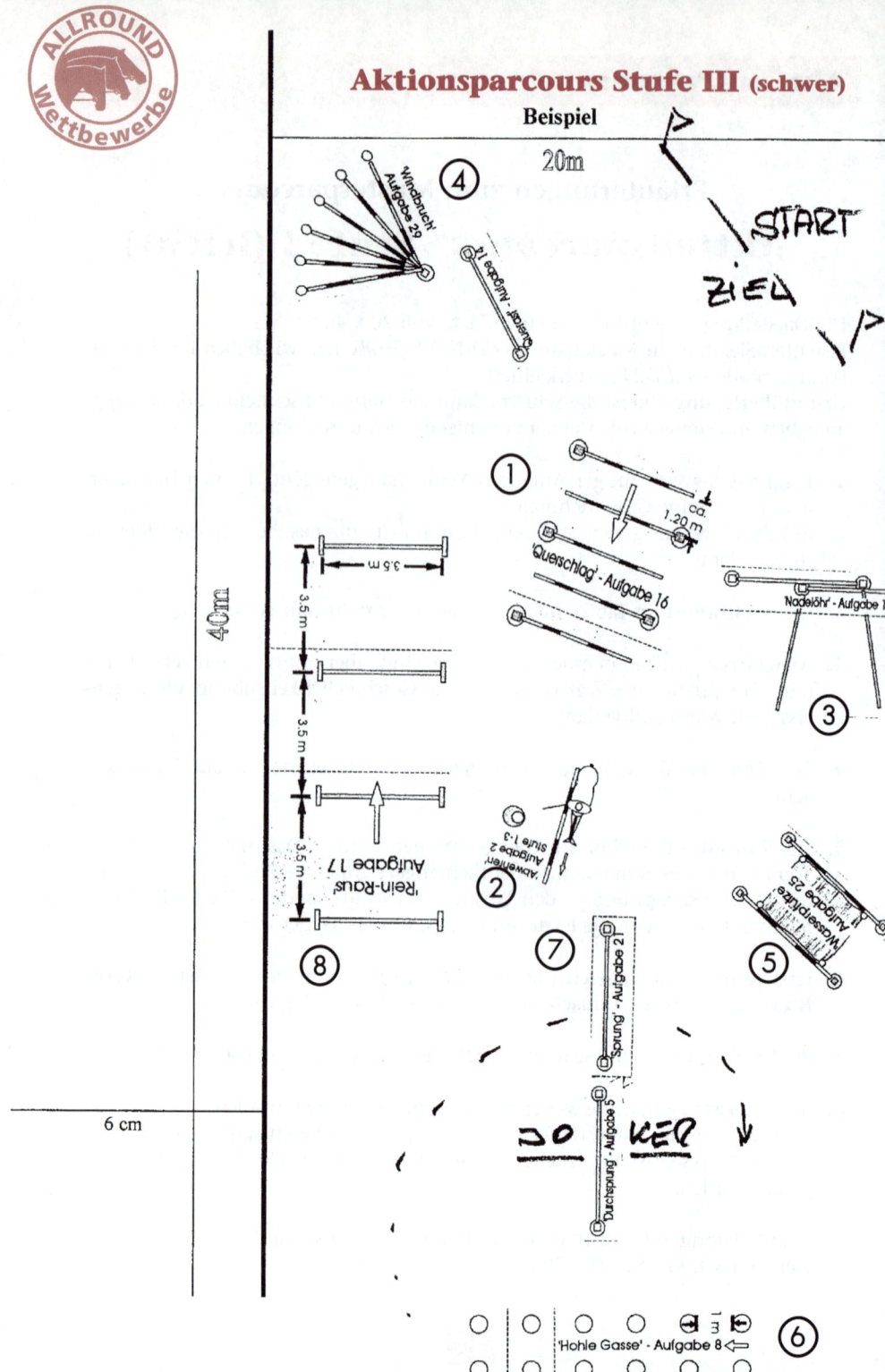

## Aktions-Parcours

### Erläuterungen zum Musterparcours
# „Aktionsparcours" Stufe III (schwer)

In unserem Beispiel beträgt die Fläche etwa 20 x 40 m. Beachten Sie, dass Ihr Musterparcours DIN A4-Größe hat, wir haben ihn hier aus Formatgründen auf DIN A5 verkleinert.

1. Wir müssen den Parcours gleich im Trab beginnen, weil **Querschlag** im Trab genommen werden muss. Jetzt steht der Reiter vor der Frage : im Trab bleiben mit erhöhtem Risiko oder durchparieren mit Zeitverlust, denn

2. **Abwehren** kann man durchaus mit etwas Übung im Trab nehmen, aber mit höherem Fehlerrisiko. Eine Geschicklichkeitsübung, die aber Durchlässigkeit vom Pferd verlangt. Bitte so aufbauen, dass die Tonne rechts steht (Rechtshänder!). Nun Platz zum Angaloppieren vorsehen, denn

3. **Nadelöhr** ist aus dem Galopp zu nehmen.

4. Schon folgt eine Parade zum Schritt denn **Windbruch** ist als ausgesprochene Trittsicherheitsaufgabe nur im Schritt zu meistern. Nun kann der Reiter auf der Diagonalen Zeit gutmachen, um zur

5. **Wasserpfütze** zu gelangen, die er in jeder Gangart überwinden kann – nur nicht springend! Diese Aufgabe hier nur platzieren, wenn Sie eine sichere und kräftige Plane haben, sonst „Brücke" aufbauen

6. Parade zum Schritt, **Hohle Gasse** stellt erhebliche Anforderungen an Geschicklichkeit. Rechte Hand angaloppieren, Wende zum

7. **Sprung**, der praktisch auf einem großen Zirkel zu reiten ist, denn es geht gleich weiter rechts herum zu

8. **Rein-Raus** im vorgeschriebenen Galopp. Im Galopp bleiben.

9. **Querast** fragt jetzt nochmals „Sattelfestigkeit" zum Abschluss. Ein Helfer muss hier postiert werden, da die Höhe für Ponys und Pferde geändert werden muss oder man unterteilt von vornherein in Pferde und Ponys .

**Joker:** wahlweise je nach Ausschreibung: Dieser muss nicht in den Parcoursverlauf integriert werden; er kann dort aufgebaut werden, wo noch Platz ist ( am besten voll im Blickfeld des Publikums) , weil er außerhalb der Zeitwertung genommen werden kann.

## ALLROUND-Wettbewerbe

# Kombiparcours:

**Aufbau:** Ein halber Präzisionsparcours und ein halber Aktionsparcours (dieser mit Start- und Ziellinie) werden aufgebaut. Die Gesamtzahl der Aufgaben richtet sich nach der ausgeschriebenen Schwierigkeitsstufe.

**Ausführung:** Der Reiter überwindet zunächst die Aufgaben des halben Präzisionsparcours und sofort anschließend den halben Aktionsparcours.

**Bewertung:** 
1) Für die Leistungen im PP bekommt er eine Gesamtwertnote abzüglich ev. Fehler (gem. PP Modus 1). Daraus ergibt sich eine Platzziffer für den PP-Teil (Platz 1 = 0 , Platz 2 = 2 etc.)

2) Für die Leistungen im AK bekommt er die gebrauchte Zeit in sek. + evtl. Strafsekunden (nach AK Modus 3 , Zeitwertung). Daraus ergibt sich eine Platzziffer für den AP-Teil (Platz 1 = 0 , Platz 2 = 2 etc.)

3) Die beiden Platzziffern werden zum Endergebnis addiert (gem. LPO 2000 §802.1.B.).*

4) Platzierung: Sieger ist der Teilnehmer mit der niedrigsten Punktzahl. Bei Punktgleichheit entscheidet die kürzere gebrauchte Zeit im AP.

---

*\* Zugegebenermaßen ist dieses Platzierungssystem etwas aufwendig. Die Alternative gem. §802.1.A. ist noch komplizierter. Die andere Alternative: Platzierung nach den Wertnoten aus dem PP, bei Wertnotengleichheit entscheidet die kürzere Gesamtzeit aus dem AK. Das würde bedeuten, dass die Wertnoten aus dem PP alleine entscheidend sind. Das kann nicht der Sinn sein. Nach unserem Verfahren sind beide Teilprüfungen gleichermaßen an dem Endergebnis beteiligt.*

# Kombiparcours

## Ausschreibungsbeispiel:
## Kombiparcours Stufe 1 (oder 2 oder 3)

**Anforderung:** zum Beispiel: für Stufe 2:

Ein halber Präzisionsparcours mit 4 „Präzi"- Aufgaben: 1, 3, 28, 9 sowie ein halber Aktionsparcours mit 5 „Aktions"-Aufgaben: 17,15,20,5,23 werden unmittelbar hintereinander absolviert.

**Bewertung:im „PP":** Gesamtpunktebewertung ( Modus 1) im AP: Zeitwertung ( Modus 3)

**Gesamtwertung:** Platzziffern im PP und Platzziffern im AP gem.LPO 801,1B werden zum Endergebnis addiert.

Alle übrigen Teile für diese Ausschreibung bitte den anderen Ausschreibungsbeispielen entnehmen.

# Kombiparcours Stufe II (mittel)
## Beispiel

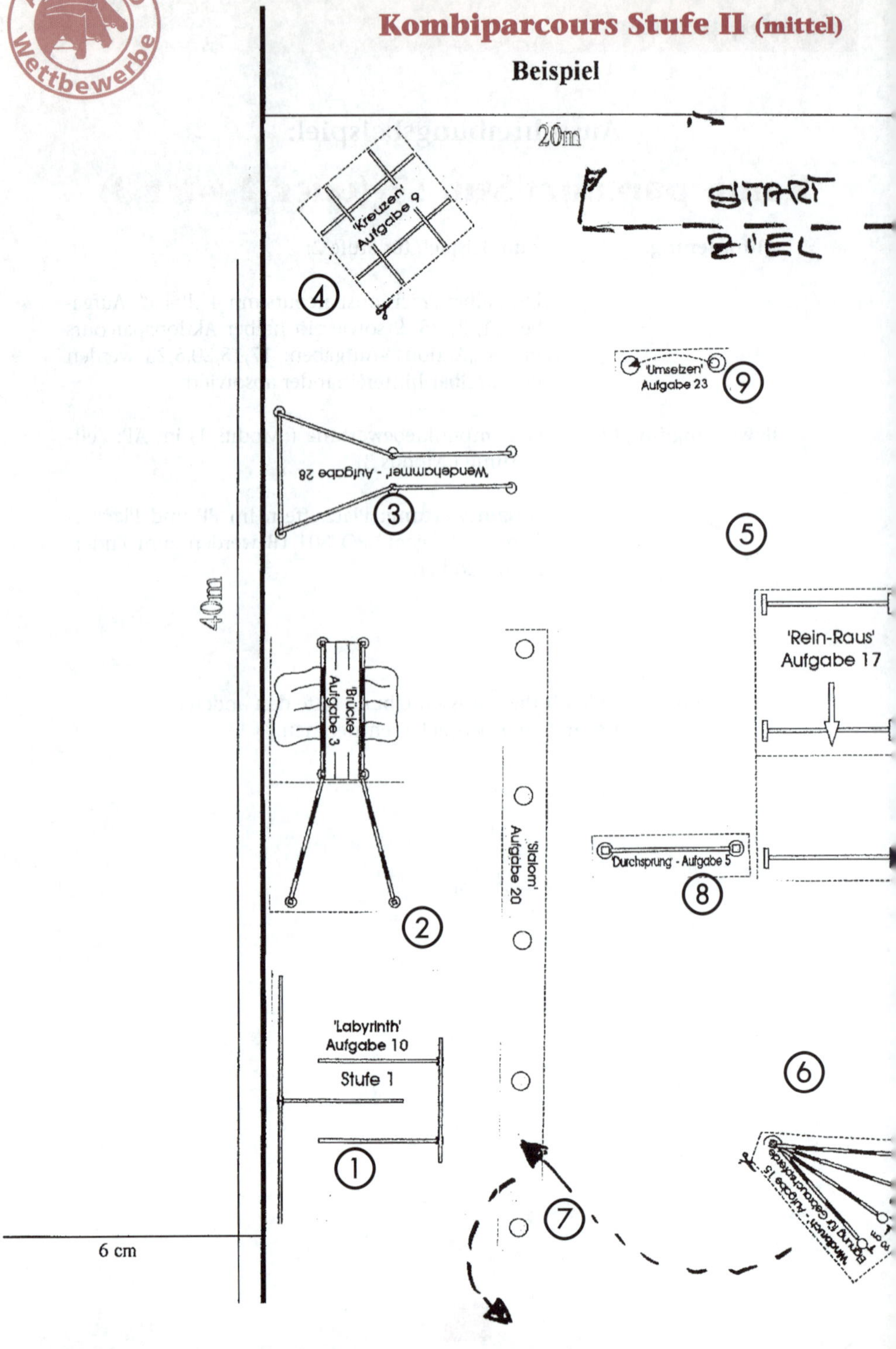

# Kombiparcours

## Erläuterungen zum Musterparcours
# „Kombiparcours" Stufe 2 (mittel)

Beachten Sie, dass Ihr Musterparcours **DIN A4-Größe** hat, wir haben ihn hier aus Formatgründen auf DIN A5 verkleinert.

Die ersten 4 Aufgaben stellen einen Kurz-Präzisionsparcours dar, die weiteren 5 bilden einen Kurz-Aktionsparcours. Deshalb: Start für die Zeitmessung (nach der 4. Aufgabe des Präzisionsparcours) deutlich markieren, durch Tor oder Flaggen, ebenso das Ziel nach der letzten Aufgabe.

Im Kurz-Präzisionsparcours möglichst unterschiedliche Anforderungen einbauen:

1. **Labyrinth** als leichter Einstieg

2. **Brücke** als Gehorsamkeitsübung wechselt sich ab mit

3. **Wendehammer,** eine Durchlässigkeitsübung, Wechsel zum

4. **Kreuzen,** eine Trittsicherheitsaufgabe
   Startlinie vorsehen

5. genügend Platz vorsehen zum Angaloppieren rechte Hand für **Rein-Raus**

6. **Windbruch** zwingt zur Parade, sonst fallen Stangen oder Eimer,

7. **Slalom** im Trab hin und zurück

8. **Durchsprung** verlangt Linksgalopp, nun muss durchpariert werden, sonst misslingt

9. **Umsetzen,** (oder auch Abschlagen) kurz vor dem Ziel ist ganz schön hart. Ziellinie vorsehen.

# Muster-Richterzettel für ALLROUND-Kombiparcours

| Starter: Reitername | Anna Müller | Karl Schmitz | Erika Klein | Fritz Groß | |
|---|---|---|---|---|---|
| Pferdname Nummer | Liebling 13 | Kumpel 57 | Furia 6 | Herkules 18 | |
| **Präzisionsparcours:** | | | | | |
| Wertnote | 8,0 | 7,0 | 7,8 | 5,5 | |
| Fehlersumme | 1 | 2 | - | 3 | |
| abzügl. - 0,5 WN je Fehler | 0,5 | 1.0 | - | 1,5 | |
| Endwertnote | 7,5 | 6,0 | 7,8 | 4.0 | |
| **Platzziffer 1** (gem LPO § 801,1B) | 2 | 3 | 0 | 4 | |
| **Aktionsparcours:** | | | | | |
| Zeit in sek. | 67 | 45 | 50 | 32 | |
| Fehlersumme | 3 | 2 | 1 | 6 | |
| zuzügl. + 5 sek. je Fehler | 15 | 10 | 5 | 30 | |
| Gesamtzeit sek. | 82 | 55 | 55 | 62 | |
| **Platzziffer 2** (gem LPO § 801,1B) | 4 | 0 | 0 | 3 | |
| **Endergebnis:** Platzziffern 1+ 2 | 6 | 3 | 0 | 7 | |
| Platzierung | III | II | I | IV | |

## ALLROUND-Pferde

# Eignung für „ALLROUND-Pferde"

*Folgende Aufgaben können ausgeschrieben werden:*

| Aufgabe | Nr. | Aufgabe | Nr. |
|---|---|---|---|
| 1) Abschleppen | 1 | 9) Sprung | 22 |
| 2) Brücke | 3 | 10) Traktor | 23 |
| 3) Dickicht | 4 | 11) Versorgen | 25 |
| 4) Durch-Sprung | 5 | 12) Wasserpfütze | 26 |
| 5) Flatterstrecke | 7 | 13) Weidetor | 27 |
| 6) Mühle | 12 | 14) Windbruch | 30 |
| 7) Quer-Ast | 15 | 15) Wippe | 31 |
| 8) Schlaglöcher | 20 | 16) Überraschung * | |

*) Zusätzlich kann eine Aufgabe nach freier Erfindung des Veranstalters eingebaut werden, sozusagen als „Überraschung" für den Teilnehmer. Sie muss dem Niveau und der Schwierigkeitsstufe des übrigen Parcours entsprechen.

Den Eignungsparcours gibt es nur in Stufe 1 = 5 – 7 Aufgaben.
Jedes Pferd/Pony darf nur einmal starten.

**Ausschreibungsmöglichkeiten:**

1.) *Nach Alter:*  
    - 4-jährige und ältere oder  
    - 4- und 5-jährige oder  
    - 5- und 6-jährige  
    - ein Jahrgang für sich

2.) *Nach Gruppen:*     - Pferde oder Ponys

3) *Nach Reitweisen:*  
    - klassisch  
    - Western  
    - Gangpferde

# ALLROUND-Wettbewerbe

## Regeln für die Durchführung des Wettbewerbes „Eignung für ALLROUND-Pferde":

**Zugelassen:** Bei dieser Prüfung kann jedes Pferd nur einmal starten.

**Beurteilung:** 1.) Gangbeurteilung: die natürlichen Bewegungen des Pferdes in den Grundgangarten „Schritt", „Trab" und „Galopp", einschließlich des Temperamentes sowie
2.) der Gehorsam (Vertrauen, Gelassenheit) im Rahmen eines Präzisionsparcours.
**Maßgebend ist die Eignung des Pferdes für Ausritte.**

**Anforderungen und Bewertung:**
1.) Vorführungen der Pferde unter dem Reiter in Abteilungen bis zu 4 Pferden mit mind. einem Handwechsel. Für „Schritt", „Trab" und „Galopp" gibt es je eine Wertnote (0–10), in die evtl. Abzüge für Temperamentfehler eingehen. Als Dezimale sind nur halbe zulässig. Bei der Beurteilung von **Western- bzw. Gangpferden** kann auf eine Beurteilung des Trabes verzichtet werden.* In diesem Fall muss abteilungsweise (mit und ohne Trab) geritten und bewertet werden.
2.) Überwindung eines Präzisionsparcours der Stufe 1 mit den für diese Prüfung geeigneten Aufgaben nach Modus 1 = Einzelbewertung.

Die Wertnoten von 1.) und 2.) werden addiert und ergeben so das Endergebnis.

*Hinweis für die Veranstalter:*
Für die Zeiteinteilung ist es wichtig zu wissen, dass man für 10 Pferde etwa eine Stunde braucht. Voraussetzung: vier Pferde in einer Abteilung für Gangbeurteilung und zügiger Ablauf.

*\* Hinweis für die Richter:*
Bei der Gangbeurteilung ist Wert darauf zu legen, dass natürliche Bewegungen (evtl. an der langen Seite auch einmal eine Verstärkung) gezeigt werden. Fleißige, gelassene und raumgreifende Bewegungen im Schritt, Trab und Galopp sind gefragt.
 *\* Die rassen- oder reitweisentypischen Besonderheiten bestimmter Pferderassen müssen berücksichtigt werden, so sollte z.B. auf eine Trabbeurteilung bei Western- bzw. Gangpferden (Isländer: „Tölt", Westerreiten: „Jog") und der dadurch eingeschränkten Vergleichbarkeit verzichtet werden. (s.o.!)*

Zur Protokollierung nimmt man am besten einen normalen Springblock, den man sehr einfach nach beiliegendem Muster einteilen kann. (Seite 42)

# ALLROUND-Wettbewerbe

## Ausschreibungsbeispiel:
# Eignung für „ALLROUND-Pferde":

A) Ehrenpreis dem Sieger oder
B) Ehrenpreise oder DM 200,00

| | |
|---|---|
| Zugelassene Pferde: | 4-jährige Pferde und Ponys **oder**<br>5-jährige **oder**<br>4-jährige und ältere **oder**<br>jedes Pferd darf nur einmal starten. |
| Zugelassene Reiter: | Reiter aller Altersklassen **oder**<br>Junge Reiter oder Junioren **oder**<br>Junioren und Junge Reiter **oder**<br>nur männliche **oder** weibliche Reiter<br>Reiter ab z.B. 35 Jahre oder Senioren<br>Mannschaft (3 o. 4 Reiter). |
| Anforderung: | Aufgaben 6, 7, 9, 10, (12,13) |
| Ausrüstung: | Reiter gemäß „Standardheft"<br>Pferd gemäß „Standardheft" |
| Einsatz: | bei A): DM 6,- oder<br>bei B): DM 10,- |
| Startfolge: | x |
| Verlangt: | 10 Nennungen |

# Eignung für ALLROUND-Pferde
## Präzisionsparcours ( Beispiel )

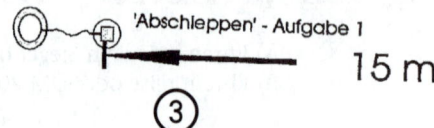

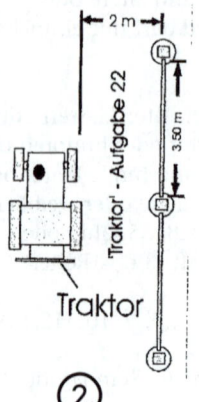

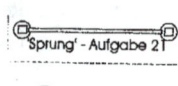

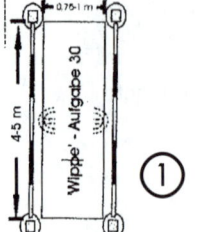

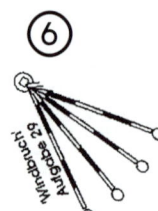

## ALLROUND-Wettbewerbe

## Erläuterungen zum Musterparcours
# „Präzisionsparcours"
### für die „Eignung für ALLROUND-Pferde"

In unserem Beispiel beträgt die Fläche etwa 20 x 40 m.
Beachten Sie, dass Ihr Musterparcours **DIN A4-Größe** hat, wir haben ihn hier aus Formatgründen auf DIN A5 verkleinert.

Wir haben hauptsächlich die Aufgaben gewählt, die exklusiv für diesen Parcours vorgesehen sind:

1. **Wippe,** zu Beginn eine reine Gehorsamkeitsübung.

2. **Traktor** so aufbauen, dass das Pferd im Zweifelsfalle nach der abgewandten Seite ausweichen kann. Also nicht einklemmen zwischen Bande und Traktor!

3. **Abschleppen** so aufbauen, dass Rechtshänder damit gut zurecht kommen,

4. **Flatterstrecke**, bei starkem Wind in eine windgeschützte Ecke verlegen, damit die Aufgabe entschärft wird.

5. **Versorgen,** nach all den überstandenen „Schrecken" werden nun gute Nerven, Vertrauen und Manieren geprüft.

6. **Windbruch** in eine Ecke verlegen, weil die Banden hilfreich sind,

7. Ein **Sprung** darf in diesem Parcours nicht fehlen, auch mit Fängen aufzubauen.

*Anmerkung:* Das „**Weidetor**" wird vielfach als erste oder letzte Aufgabe eingebaut. Sie benötigt in der Regel viel Zeit, also nur nehmen, wenn kleine Starterfelder erwartet werden.

# Springp[rüfung]

EIGNUNG FÜR ALLROUND PFERDE

Nr. der Prüfung .......... Art der Prüfu[ng]
Veranstaltungsort ..........
Länge der Bahn .......... m, Erlaubte Z[eit]

| Hindernisse: Progr.-Nr.: | 3 | | 11 | | 15 | |
|---|---|---|---|---|---|---|
| **A) GÄNGE:** | | | | | | |
| SCHRITT | 7 | | 8 | | 6.5 | |
| TRAB | 6.5 | | 8 | | 6.5 | |
| GALOPP | 7.5 | | 9 | | 7.0 | |
| **1. SUMME:** | 21 | | 25 | | 20 | |
| | WN | F | WN | F | WN | F |
| **B) PRÄZISIONSPARC.** | | | | | | |
| 1) WIPPE | 6 | | 8 | | 7 | |
| 2) TRAKTOR | 7 | | 8 | | 5 | |
| 3) ABSCHLEPPEN | 8 | | 7 | | 5 | |
| 4) FLATTERSTR. | 5 | | 7.5 | | — | 6 |
| 5) VERSORGEN | 6 | | 8 | | 6 | |
| 6) WINDBRUCH | — | 6 | 7 | 3 | 6 | 3 |
| 7) SPRUNG | 6 | 3 | 6 | 3 | 5 | 3 |
| SUMME | 38 | 9 | 51.5 | 6 | 34 | 12 |
| MINUS FEHLER | 9 | ← | 6 | ← | 12 | ← |
| **2. SUMME:** | 31 | | 45.5 | | 22 | |
| **ERGEBNIS: 1+2** | 52 | | 20.5 | | 42 | |
| ~~Strafpunkte~~ | | | | | | |
| ~~Zeitstrafpunkte oder Stilnote~~ | | | | | | |
| ~~Strafpunkte gesamt~~ | | | | | | |
| ~~Zeit~~ | | | | | | |
| Platzierung | I | | III | | II | |

Bestell-Nr. 6436 – Stand: November 1993 © **FN**verlag der Deutschen Reiterlichen Vereinigung GmbH, Warendorf. Nachdruck oder sonstige Vervielfältigung nur mit Genehmigung des Verlages gestattet.

# ALLROUND-Wettbewerbe

## Wertnotenskala für die Benotung des „Gehorsams des Pferdes und der Harmonie zwischen Reiter und Pferd" bei der Bewältigung der Aufgaben.

### Beispiele zur Notengebung:

| Wertnote | Bedeutung |
|---|---|
| 10 | ausgezeichnet |
| 9 | sehr gut |
| 8 | gut |
| 7 | ziemlich gut |
| 6 | befriedigend |
| 5 | genügend |
| 4 | mangelhaft |
| 3 | ziemlich schlecht |
| 2 | schlecht |
| 1 | sehr schlecht |
| 0 | nicht ausgeführt |

Bewertet wird ausschließlich der **Gehorsam** (nicht die Haltung des Pferdes, die Reitmethode oder der Reitstil) sowie die **Harmonie** zwischen Reiter und Pferd bei der Bewältigung der Aufgaben.

„Gehorsam und Harmonie" – die entscheidenden Kriterien:

Zur Verdeutlichung der Begriffe „Gehorsam und Harmonie" im Rahmen der ALLROUND – Wettbewerbe:
Das Pferd im idealen **Gehorsam** reagiert willig auf die Reiterhilfen, ist vorsichtig, doch couragiert, sehr aufmerksam, mit wachen Sinnen und macht bei der Bewältigung der Aufgaben selbstbewusst und aktiv mit.
**Harmonie** zwischen Reiter und Pferd: Darunter verstehen wir die Übereinstimmung im Wollen und Tun zwischen Reiter und Pferd bei der Bewältigung der Aufgaben, die vertrauensvolle Verständigung zwischen ihnen, die insbesondere durch die feine und wirkungsvolle Hilfengebung deutlich wird, unabhängig von der Reitweise.

## ALLROUND-Wettbewerbe

# Tipps für die Parcoursgestaltung:

### Platzgröße:

Die ideale Platzgröße für den **Präzisionsparcours** ist eine Fläche von 20 x 40 m, also normale Hallengröße. Auch wenn Sie auf einem freien Platz aufbauen, halten Sie sich bitte an diese Maße, wie bei Dressuraufgaben.

Ein **Aktionsparcours** ist mit einem Springparcours zu vergleichen: in der Halle ist er ebenfalls gut auf 20 x 40 m aufzubauen. Auf dem freien Platz können Sie allerdings die ganze Fläche ausnutzen.

### Auswahl der Aufgaben:

Die Aufgaben stellen an Pferd und Reiter ganz unterschiedliche Anforderungen. Die meisten Aufgaben kombinieren mehrere Anforderungen. In der nachfolgenden Tabelle haben wir die Aufgaben nach ihren vorherrschenden Anforderungen hin eingeteilt. Ihre Parcours sollten eine gleichmässige Mischung der vier unterschiedlichen Anforderungen enthalten, von jedem etwas:

| Gehorsam des Pferdes | Geschicklichkeit des Reiters | Trittsicherheit des Pferdes | Durchlässigkeit des Pferdes |
|---|---|---|---|
| 1) Abschlagen | 2) Abwehren | 6) Engpass | 14) Parade |
| 3) Brücke | 5) Durchsprung | 9) Kreuzen | 16) Querpassage |
| 4) Dickicht | 8) Hohle Gasse | 10) Labyrinth | 19) Sackgasse |
| 7) Flatterstrecke | 11) Mitnehmen | 17) Querschlag | 21) Slalom |
| 13) Nadelöhr | 12) Mühle | 18) Rein-Raus | 28) Wende |
| 20) Schlaglöcher | 15) Querast | 30) Windbruch | 29) Wendehammer |
| 23) Traktor | 24) Umsetzen | | |
| 22) Sprung | 27) Weidetor | | |
| 24) Versorgen | | | |
| 26) Wasserpfütze | | | |
| 31) Wippe | | | |

Den **Präzisionsparcours** bauen Sie bitte kompakt. Gewertet wird ja nur, was vor und in den Aufgaben passiert. Was dazwischen geschieht, wird nicht gewertet und kostet nur Zeit. Damit die Aufgaben auch zügig und ohne Zeitverlust absolviert werden können, sollte der Parcours so gebaut werden, dass der Reiter auf möglichst kurzem Weg von einer Aufgabe zur anderen reiten kann. Das heißt, Sie können die

# Tips für die Parcoursgestaltung

Aufgaben wie Perlen auf einer Schnur aneinander reihen. Nummerierung nicht vergessen! Muster haben wir beigefügt.

Anders im **Aktionsparcours**: Hier wird die Zeit gewertet. Deshalb sollte der Aktionsparcours wie eine Springprüfung aufgebaut werden, d. h. die Aufgaben quer auf dem Platz verteilen, nicht nacheinander aufreihen, auch einmal quer über den Platz galoppieren lassen. Es liegt an Ihrer Aufbaukunst, diesen Wettbewerb zu einem spannenden und aktionsreichen Sport werden zu lassen. So können Sie auch Wendepunkte und Richtungspfeile einbauen. Die Nummerierung sollte so gemacht werden, dass sie dem Reiter hilft und ihm nicht im Wege steht. Die Kunst des Parcoursaufbauers beschert uns anspruchsvolle Parcours mit Wendungen, Kurven und auch geraden Strecken, wo flott galoppiert wird. Die Analogie zu unseren Springprüfungen ist gegeben und es wird Ihnen nicht schwer fallen, Ihr Know-how dort einzubringen. Muster für Aktionsparcours haben wir beigefügt.

## Vorbereitung:

Vor der Auswahl der Aufgaben versichern Sie sich beim Veranstalter, über welche Baumaterialien er verfügt. So hat nicht jeder die notwendige Anzahl Fässer zur Verfügung. Für „Umsetzen", „Abschlagen" und „Sackgasse" benötigen Sie zudem Fässer mit einer Mindesthöhe von 1 m. Auch die hohen Ständer für „Dickicht" und „Durchsprung" müssen vorhanden sein, wenn sie diese Aufgaben vorsehen. Sind Planen und Reifen vorhanden? Falls lediglich Hindernismaterial aus Springparcours verfügbar ist, muss wenigstens eine genügende Anzahl von Eimern, Ziegelsteinen etc. besorgt werden, damit die Stangen für die einzelnen Aufgaben eine Auflage haben. Freilich kann man improvisieren : z. B. Fässer auf einen Bierkasten stellen, um sie anzuheben; anstelle von Fässern für Slalom kann man Hindernisständer nehmen, muss aber dann einen Autoreifen überstülpen, damit keine Verletzungen geschehen können usw.

## Gleichzeitiger Aufbau

Zeitsparend ist es, Präzisionsparcours und Aktionsparcours gleichzeitig aufzubauen, z.B. vor den Wettbewerben selbst. Die nichtbenötigten Aufgaben für den ersten Parcours werden dann ausgekreuzt. So spart man Zeit zwischen den Wettbewerben.

# ALLROUND-Wettbewerbe

## Parcoursgestaltung – leicht gemacht:

Um Ihnen die Gestaltung Ihres Parcours zu erleichtern, haben wir auf den folgenden Seiten die Zeichnungen der Aufgaben in einen passenden Maßstab gebracht.

Fotokopieren Sie die Seiten mit den Zeichnungen aus dem „Standardheft" heraus und schneiden Sie alle die aus, die Sie aufbauen wollen. Nun markieren Sie auf einem DIN A4-Bogen einen Längsstreifen von 6 cm. Der verbleibende Rest entspricht dann im Maßstab von 1:135 einer Grundfläche von 20 x 40 m (normale Reithalle). Die Zeichnungen stimmen jetzt mit der Grundfläche einer 20/40 Halle genau überein. Nun schieben Sie die Zeichnungen sinnvoll zum Parcours zusammen.

Mehrere Muster haben wir beigefügt. Dabei gibt es tausend Variationen. Heften Sie die Symbole nun leicht fest (am besten mit Pritt- Stift o.ä.) und kopieren Sie diesen Parcours für die Richter und für das „Schwarze Brett" usw.

# Zeichnungen für die Parcoursgestaltung

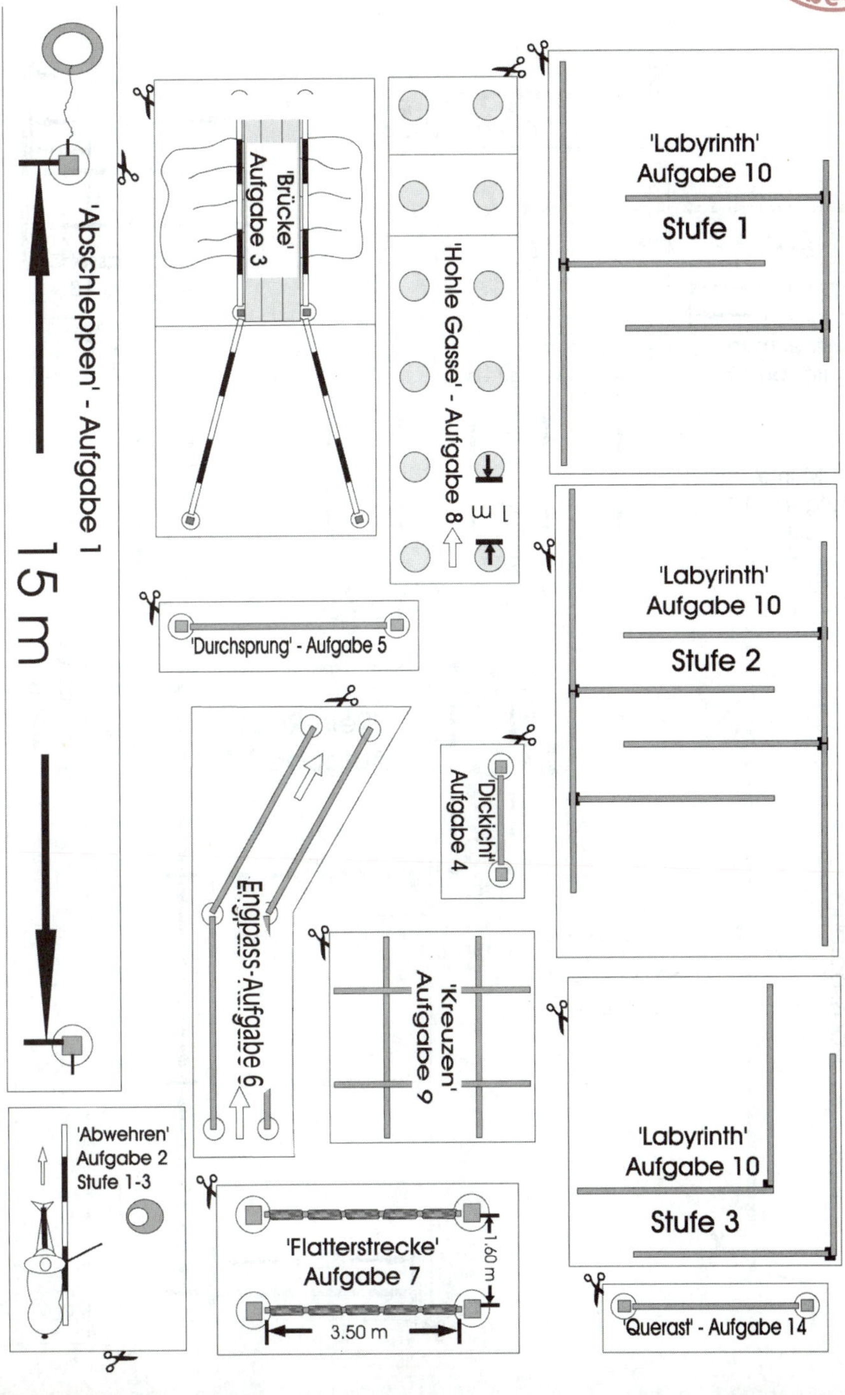

# Zeichnungen für die Parcoursgestaltung

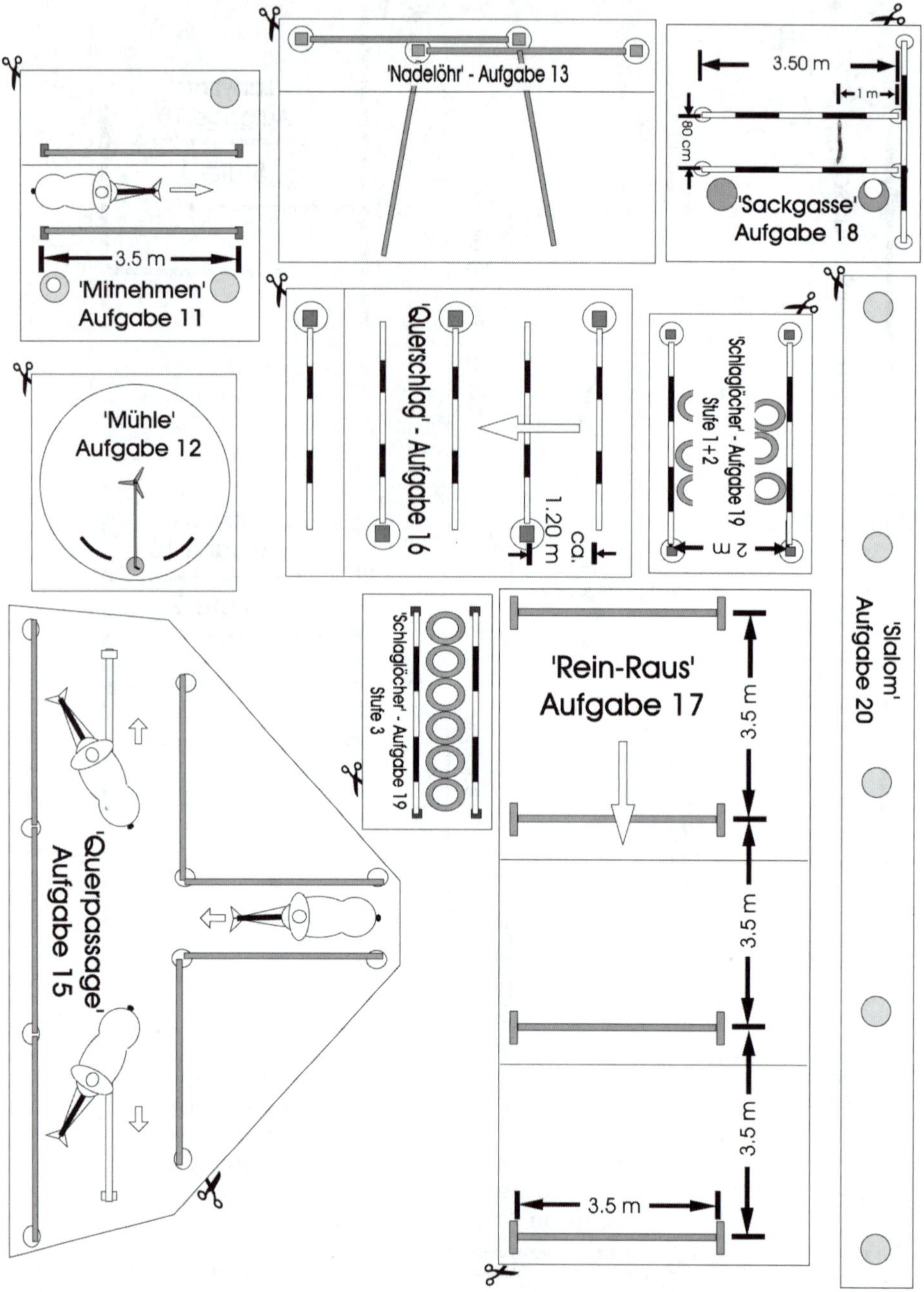

'Nadelöhr' - Aufgabe 13

'Sackgasse' Aufgabe 18

'Mitnehmen' Aufgabe 11

'Mühle' Aufgabe 12

'Querschlag' - Aufgabe 16

'Schlaglöcher' - Aufgabe 19 Stufe 1+2

'Schlaglöcher' - Aufgabe 19 Stufe 3

'Rein-Raus' Aufgabe 17

'Slalom' Aufgabe 20

'Querpassage' Aufgabe 15

# Zeichnungen für die Parcoursgestaltung

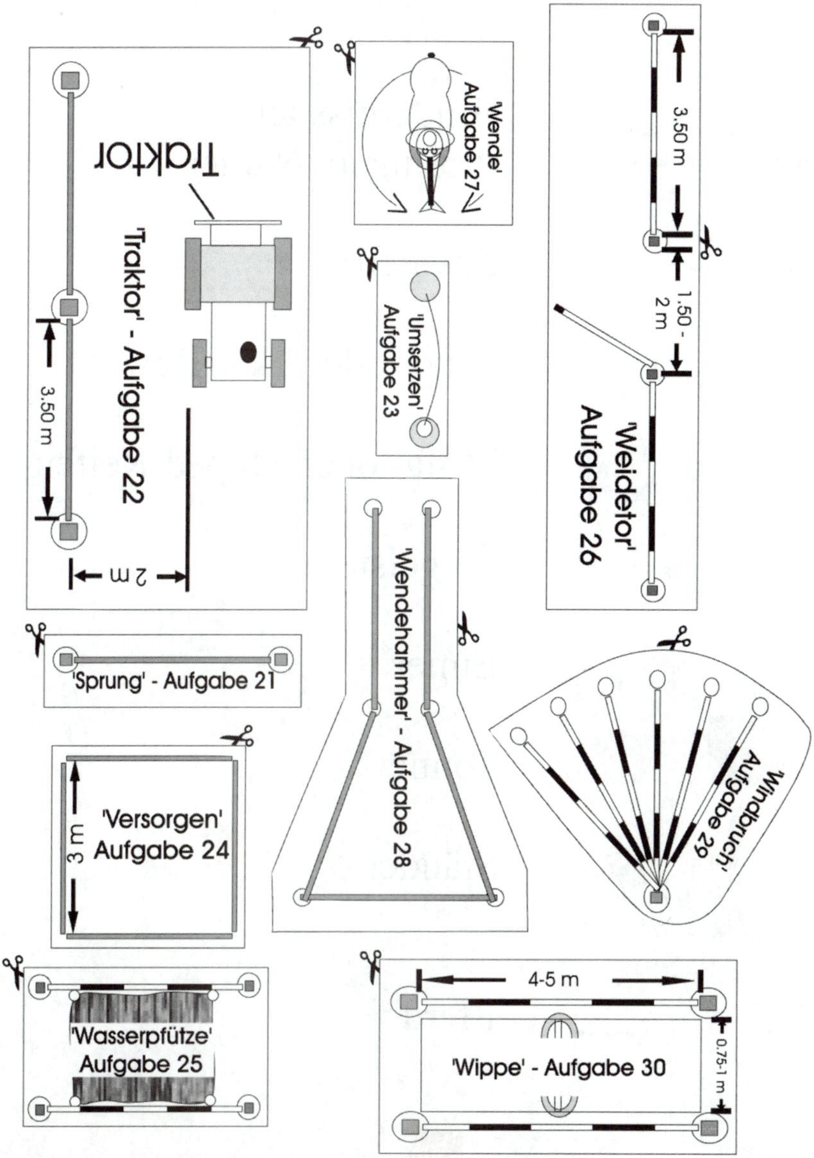

### ALLROUND-Wettbewerbe

# Legende

für die Standards des ALLROUND -Turniers

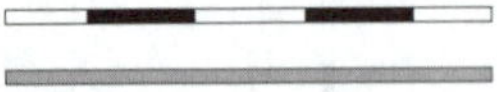

Hindernisstange (Springen, Natur)

Cavaletti

Auto- oder Lkw-Reifen

Mofa- oder Moped-Reifen

Ziegelstein

Eimer

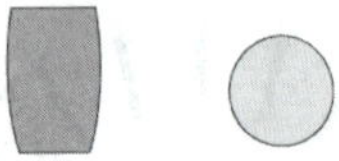

Tonne

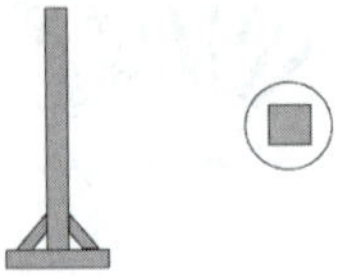

Ständer

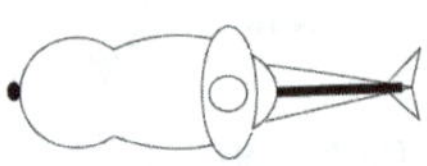

Pferd

**Legende**

# Legende

### HINDERNISSTANGEN:
Wir nehmen normale Stangen, wie sie für Hindernisse im Springparcours allgemein vorhanden sind. Sie haben in der Regel eine Länge von 3 bis 4 m, gelegentlich auch 4,5 m. Wenn diese Stangen ein Teil der Aufgaben sind, dann müssen sie schon eine **Mindestlänge von 3,5 m** haben, da sonst die Aufgaben nicht mehr stimmen. Die Dicke der Stange spielt eigentlich keine Rolle (Durchmesser sollte jedoch nicht unter 8 cm liegen).

### REIFEN:
Diese sind leicht bei jedem Reifenhändler zu bekommen. Für die Aufgabe „Brücke" nehmen wir PKW-Reifen, für Aufgabe „Schlaglöcher" und „Wende" nehmen wir ausschließlich Fahrrad-, Moped- oder Mofa-Reifen (sonst droht Verletzungsgefahr!).

### EIMER/KEGEL:
Hierunter verstehen wir normale Plastikeimer mit 10 bis 12 Liter Fassungsvermögen. Es dürfte kein Problem sein, diese in genügender Zahl zu bekommen. Wir empfehlen, die Bügel der Eimer zu entfernen, da sonst die Gefahr besteht, daran hängen zu bleiben.
Bei manchen Aufgaben werden die Stangen auf die Eimer gelegt, die wir – mit dem Boden nach oben – hinstellen. Beim Aufbau ist immer darauf zu achten, dass die Eimer nicht schief stehen, weil sonst die Stangen allzu leicht herunterrollen.

### STÄNDER:
Wir nehmen ganz normale Hindernisständer in üblicher Konstruktion und Höhe. Wenn wir sie als Fänge verwenden, sollten die Fänge normale Halterungen haben und dann etwa auf 1 m Höhe eingebaut werden. Für einige Aufgaben brauchen wir jedoch höhere Ständer, wie z. B. für die Aufgaben: Nr. 4 „Dickicht", Nr. 5 „Durchsprung" und Nr. 15 „Querast". Diese Ständer müssten schon eine Höhe von 2,70 m haben, da ja auch größere Reiter darunter herreiten müssen. Man kann hierfür entweder normale Ständer verlängern, muss dann aber darauf achten, dass sie noch genügend sicheren Stand haben. Als Füße eignen sich hervorragend die „Fußplatten", wie sie zunehmend im Straßenbau für das Aufstellen von Verkehrsschildern und Absperrungen benutzt werden. Sie sind schwer, unverrottbar, lassen sich mit unterschiedlichen Arten von Vertikalhölzern bestücken und – vor allen Dingen – sind sie verletzungssicher. Das ist insbesondere für Aufgabe Nr. 4 „Dickicht" wichtig, weil die darunter hängenden Kordeln für den durchreitenden Reiter einen gewissen Widerstand bieten. Sehr hübsch ist es in diesem Falle auch, den Ständer aus einem kleinen Baumstamm zu machen, an dem noch einige Äste sind, die nach außen stehen, um hier den natürlichen Eindruck beizubehalten.

# ALLROUND-Wettbewerbe

**CAVALETTI:**
Diese sind normalerweise leicht zu beschaffen. Sie sind in unterschiedliche Höhen einstellbar und müssen beim Rein-Raus Nr. 18 auf „Galoppstellung" gestellt werden.

**FÄSSER ODER TONNEN:**
Ideal sind Plastik- oder Metallfässer mit einer Mindesthöhe von 80 cm und etwa 40 bis 60 cm Durchmesser. Es gibt sie als Verpackungsfässer mit und ohne Deckel. Den Deckel benötigen wir nicht, da wir die Fässer mit dem Boden nach oben aufstellen. Falls Deckel mit Spangen gehalten werden, diese entfernen (Verletzungsgefahr!).

**„SEISMOGRAPHEN":**
Auf jede Tonne gehört ein „Seismograph", der die Berührungen durch Pferd / Reiter deutlich anzeigt: auf Joghurtbecher werden Tennisbälle gelegt. Ebenfalls können Kegel und Bällchen aus dem Fahrsport genommen werden. Wir können auch leere Cola-Flaschen aus Kunststoff (kein Glas: Verletzungsgefahr, wenn Glasflaschen zerbrechen!) o.Ä. nehmen, Hauptsache, es fällt etwas beim Anstoßen um.

**PLASTIKROHRE:**
Sie werden im Sanitärhandel in Längen bis zu 5 m in verschiedenen Durchmessern und Farben angeboten. Am geeignetsten sind Rohre mit einem Durchmesser von 6 bis 10 cm. Dünnere Rohre neigen zum Durchhängen und sind damit ungeeignet.

**WEIDETOR:**
Hierfür finden Sie auf dem entsprechenden Blatt Konstruktionsvorschläge mit Details der Aufhängungen, der Verschlüsse usw. Das sind alles nur Vorschläge. Selbstverständlich können Sie auch andere Konstruktionen wählen. Das Ganze sollte aber zweckmäßig, einfach und sicher sein. Gewisse Maße müssen hier eingehalten werden, weil die Reiter diese Standards erwarten. Diese Maße bzw. Elemente haben wir besonders gekennzeichnet. Die Tore müssen stabil und mit festem Stand sein. Sie sollen nicht von alleine auf- oder zugehen, sondern in der Position bleiben, die der Reiter ihnen gibt, auch wenn er die Hand löst oder wenn es stürmt. Der Verschluss muss von beiden Seiten leicht zu bedienen sein. Wichtig: Tore müssen zu beiden Seiten geöffnet werden können.

**PLASTIKS:**
Sie werden im Prinzip nur für die Aufgabe Nr. 26 (Wasserpfütze) eingesetzt. Hierfür sind auf dem entsprechenden Blatt Hinweise gegeben worden. Für Eignungsprüfung Flatterstrecke (7): Am besten eignen sich hierfür blaue Müllsäcke. Die beste Art, sie an den Stangen zu befestigen ist: Unten am Sack-Boden ein Loch machen und die Säcke über die Stangen stülpen. Hält auch bei Wind und ist unfallsicher.

# Legende

**ZIEGELSTEINE:**
Normale Kalksand- oder Ziegelsteine vom Baumarkt. Beim Aufbau darauf achten, dass sie waagerecht liegen, sonst rollen die Stangen schon von alleine herunter. Ersatzweise kann man auch Blumentöpfe und dgl. nehmen. Nicht geeignet sind die sog. Hohlblocksteine.

## Liste der Aufgaben:

A = Aktionsparcours,
E = Eignung für ALLROUND-Pferde
P = Präzisionsparcours,

1　Abschleppen - E
2　Abwehren - A
3　Brücke - A, P, E
4　Dickicht - A, E
5　Durch-Sprung - A, E
6　Engpass - A
7　Flatterstrecke - E
8　Hohle Gasse - A, P, E
9　Kreuzen - P
10　Labyrinth - P
11　Mitnehmen - A
12　Mühle - P, E
13　Nadelöhr - A
14　PARADE - A, P
15　Quer-Ast - A, E
16　Querpassage - P
17　Querschlag - A, P
18　Rein-Raus - A, P
19　Sackgasse - P
20　Schlaglöcher - A, P,
21　Slalom - A, P
22　Sprung - A, E
23　Traktor - E
24　Umsetzen - A
25　Versorgen - E, P
26　Wasserpfütze - A, P,
27　Weidetor - P, E
28　Wende - P
29　Wendehammer - P
30　Windbruch - A, P, E
31　Wippe - P, E

# ALLROUND-Wettbewerbe

**Geeignet für:**

**Eignungsprüfung**

# Aufgabe Nr. 1 „Abschleppen"

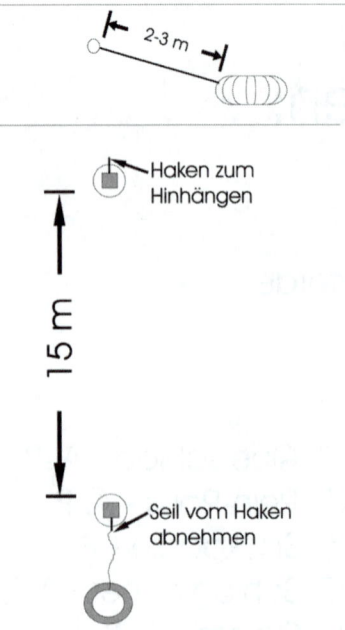

## Ausführung:
Abschleppseil aufnehmen, die vorgesehene Strecke ziehen, dabei „Zügel in einer Hand" und Seil wieder ablegen; wenn das Seil fällt, dann absteigen, Seil aufnehmen, aufsitzen und weiterreiten.

## Sinn und Zweck:
Vertrauen des Pferdes und Reiten mit „Zügel in einer Hand".

## Fehler, die zählen:
- Seil nicht eingehängt

## Aufbau:
- die Ständer im Abstand von ca. 15 m aufstellen
- Haken in ca. 1.50 m Höhe vom Boden am Ständer befestigen und das Seilende so auf den Haken hängen, dass der Reiter es leicht von links oder rechts abnehmen kann (Linkshänder !)
- Seil fest am Reifen befestigen

## Baumaterial:
- 1 Autoreifen
- 1 Seil, ca. 3 m lang
- 2 Ständer oder Helfer

# Aufgaben 1-31

**Geeignet für:**
**Aktionsparcours (40 P)**

# Aufgabe Nr. 2
# „Abwehren"

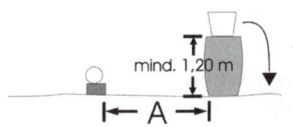

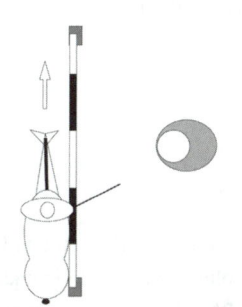

### Ausführung:
- beim Vorbeireiten mit der Gerte den Eimer herunterschlagen, dabei aber nicht über die Stange treten; wenn Gerte fällt, absteigen und wiederholen
- Reiter aufpassen: Gerte mitnehmen (Gerte nicht länger als 75 cm) !!

### Sinn und Zweck:
Einhändiges Reiten; genaues Treffen, Beweglichkeit im Sattel.

### Fehler, die zählen:
- Eimer fällt nicht
- Stange fällt oder wird übertreten

**Stufe 1:** A = 30 cm
      **2:** A = 50 cm
      **3:** A = 70 cm

### Aufbau:
- Hindernis gemäß Skizze aufbauen und Stange auf die Steine legen

### Baumaterial:
- 1 Stange, 3.5 m lang
- 1 Tonne o.Ä.
- 1 Eimer
- 2 Ziegelsteine
- 1 Gerte, max. 75 cm lang

# ALLROUND-Wettbewerbe

**Geeignet für:**
Aktionsparcours (30 P)
Präzisionsparcours
Eignungsprüfung

# Aufgabe Nr. 3 „Brücke"

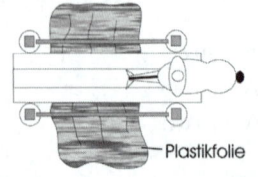

**Ausführung:**
Brücke überqueren

**Sinn und Zweck:**
Gehorsamkeit und Vertrauen, aufmerksam, aber nicht zögernd.

**Fehler, die zählen:**
- Stange fällt

**Stufe 1:** mit beiden Fängen und Geländer
**2:** ohne Fänge, mit Geländer
**3:** Plastikfolie quer (o. Naturwasserlauf, Graben o.Ä.), ohne Fänge

**Aufbau:**
- die Brücke auf die Reifen legen
- vor dem Eingang ca. 3-4 m Platz lassen, falls Pferde zurücktreten oder herumzappeln
- bei Regen oder Nässe Sand auf die Brücke streuen (wegen Rutschgefahr !)

Hinweis:
Um Brücke besser transportieren zu können (z.B. Hänger) in der Mitte teilen; mit Scharnier a.d. Unterseite.

**Baumaterial:**
- Bretterboden, 4-5 m lang, ca. 80-100 cm breit, Stärke ca. 4-5 cm, jeden Meter eine Querlatte (mind. 10 x 10 cm) von unten mit Schlossschrauben (20 cm Abstand) verschrauben oder von unten ein kompletter Rahmen aus U-Profilen.
- 4-6 Autoreifen gleicher Stärke
- 4 Stangen à 3,5 m und 6 Ständer als Geländer
(- Plastikplane)

**Aufgaben 1-31**

Geeignet für:
**Aktionsparcours (20 P)**

**Eignungsprüfung**

# Aufgabe Nr. 4
# „Dickicht"

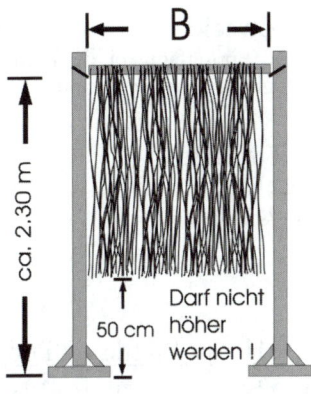

**Ausführung:**
Durchreiten

**Sinn und Zweck:**
Vertrauen des Pferdes

**Fehler, die zählen:**
- Plastikrohr mit „Dickicht" fällt

**Stufe 1:** B = 1.50 m
**2:** B = 1.20 m
**3:** B = 1.00 m

**Aufbau:**
- Rohr muss fest liegen, soll jedoch abgeworfen werden können, wenn sich Pferd oder Reiter verfangen
- die ganze Konstruktion muss sehr stabil sein,
- die Strohkordeln so dicht hängen, dass man noch hindurchsehen kann, blindes Hindurchreiten ist nicht das Ziel.

**Baumaterial:**
- 2 Ständer, ca. 3 m hoch
- 1 Plastikrohr, ca. 1.5 m lang
- „Dickichtmaterial", ca. 2 m lang
- möglichst natürliches Material verwenden, wie Strohkordeln (ohne Knoten), Bast, Sisal o. Jutestreifen; kein Plastik, Perlschnüre o.Ä. verwenden.

## ALLROUND-Wettbewerbe

Geeignet für:
**Aktionsparcours (50 P)**

**Eignungsprüfung**

# Aufgabe Nr. 5 „Durchsprung"

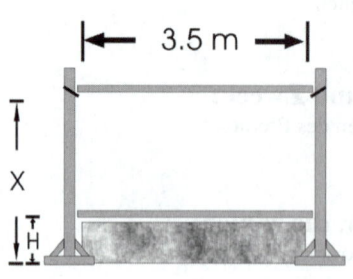

**Ausführung:**
Überwinden des Hindernisses durch Sprung, Tempo beliebig.

**Sinn und Zweck:**
Gehorsam und Springfähigkeit des Pferdes; Balancierfähigkeit, Gleichgewicht des Reiters.

**Fehler, die zählen:**
- oberes Rohr fällt
- untere Stange fällt

Kombinationsaufbau (s.Text):

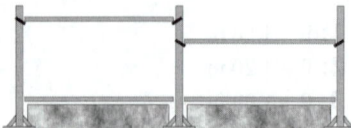

|  | H | x Pferde | x Ponys |
|---|---|---|---|
| Stufe 1: | 50 cm | 230 cm | 180 cm |
| 2: | 60 cm | 215 cm | 170 cm |
| 3: | 60 cm | 200 cm | 160 cm |

**Aufbau:**
- das Plastikrohr als obere Stange in der Höhe x aufhängen, die Naturstange als untere Sprungstange auflegen, beide abwerfbar, (Sicherheit!)
- **immer** einen dichten Unterbau, möglichst aus Naturmaterialien
- zusätzliche Fänge möglich
- wenn Pferde und Ponys gleichzeitig in einem Wettbewerb starten, hilft ein Kombinationsaufbau (s. Skizze): zwei Sprünge nebeneinander

**Baumaterial:**
- 2 Ständer, mind. 2,70 m hoch
- 1 Stange, 3,50 m lang
- 1 Plastikrohr, 3,50 m lang
- für Unterbau: Strohballen, Gatter, Zweige, Bürsten, o.ä.

# Aufgaben 1-31

**Geeignet für:**
Aktionsparcours (30 P)
Präzisionsparcours

# Aufgabe Nr. 6
# „Engpass"

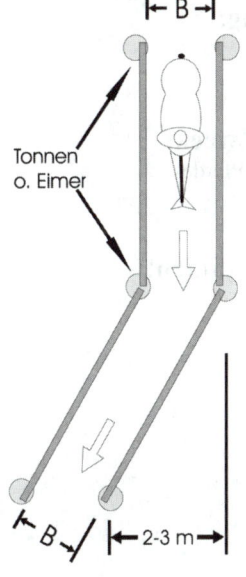

**Ausführung:**
Durchreiten

**Sinn und Zweck:**
Ausbalancierte Bewegung in der jeweiligen Gangart.

**Fehler, die zählen:**
- Stange fällt

**Stufe 1:** B = 70 cm
**2:** B = 60 cm
**3:** B = 50 cm

## Aufbau:
- Stangen gemäß Skizze auf die Tonnen oder Eimer legen.
- Tonnen dürfen nicht in den Weg ragen, die Stangen deshalb auf die Tonnenkante legen!

## Baumaterial:
- 4 Stangen à 3.5 m
- 6 Tonnen (im Notfall auch Eimer); Tonnen erhöhen den Wert der Aufgabe!

Richtig:   Falsch:

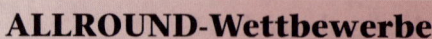

## ALLROUND-Wettbewerbe

Geeignet für:

**Eignungsprüfung**

# Aufgabe Nr. 7
## „Flatterstrecke"

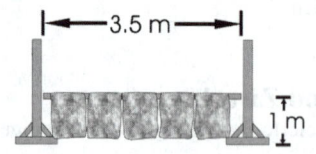

**Ausführung:**
Durchreiten

**Sinn und Zweck:**
Vertrauen des Pferdes

**Fehler, die zählen:**
- Stange fällt

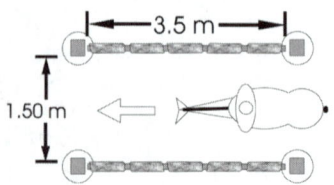

**Aufbau:**
- Hindernis gemäß Skizze aufbauen, die Stange durch die Säcke stecken, sodass sie frei flattern können (**nicht mit Heftzwecken oder Tacker befestigen**).
(Bei starkem Wind kann man auch Pferdedecken über die Stangen legen).

**Baumaterial:**
- 4 Ständer, 2 Stangen à 3,5 m
- Plastikstreifen, -tüten oder -säcke (die normalen blauen Plastiksäcke sind gut geeignet)

# Aufgaben 1-31

**Geeignet für:**
Aktionsparcours (100 P)
Präzisionsparcours
Eignungsprüfung

# Aufgabe Nr. 8
„Hohle Gasse"

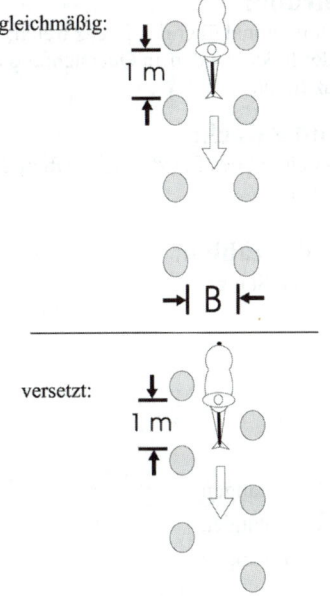

## Ausführung:
Durchreiten, ohne dass die Tonnen oder Bällchen umfallen.

## Sinn und Zweck:
Geschicklichkeit von Reiter und Pferd im seitlichen Abstandhalten.

## Fehler, die zählen:
- Bällchen fällt.

**Stufe 1:** 4 Tonnenpaare, B = 80 cm
**2:** 5 Tonnenpaare, B = 70 cm
**3:** 6 Tonnenpaare, B = 70 cm

## Aufbau:
- die Tonnen in gerader Linie aufbauen
- die Tonnen können auch versetzt aufgestellt werden, das erschwert das Durchreiten
- auf jede Tonne einen „Seismographen" stellen

## Baumaterial:
- 8-12 Tonnen (Mindesthöhe: 80 cm) (keine Ständer statt der Tonnen nehmen, Verletzungsgefahr!)
- 8-12 Seismographen
  Ein „Seismograph" besteht aus einem Tennisball, der auf einem Joghurtbecher, o.Ä. liegt, sodass er bei der geringsten Berührung herunterfallen kann. Man kann auch Kegel und Bällchen aus dem Fahrsport benutzen.

## ALLROUND-Wettbewerbe

Geeignet für:

**Präzisionsparcours**

# Aufgabe Nr. 9 „Kreuzen"

**Stufe 1:**

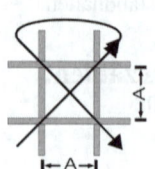

**Stufe 2:**

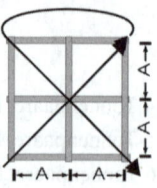

**Stufe 3:**

A = 1.70 m

**Ausführung:**
Im Schritt diagonal über das Kreuz treten, rechts oder links wenden, in Querrichtung über das Kreuz treten.

**Sinn und Zweck:**
Geschicklichkeit des Pferdes beim Übertreten und Wenden.

**Fehler, die zählen:**
- verschobene Stange

**Stufe 1:** 2 Stangen
**2:** 4 Stangen
**3:** 6 Stangen

**Aufbau:**
- Abstand A ist bei allen gleich !
Stufe 1: obere Stange auf Steine legen
Stufe 2+3: die Lage der oberen Stangen mit Klebeband markieren, um ein Verrutschen festzustellen

**Baumaterial:**
- 2 bis 6 Stangen à 3,5m

Stufe 1:
- 2 Ziegelsteine

# Aufgaben 1-31

Geeignet für:

Präzisionsparcours

# Aufgabe Nr. 10 „Labyrinth"

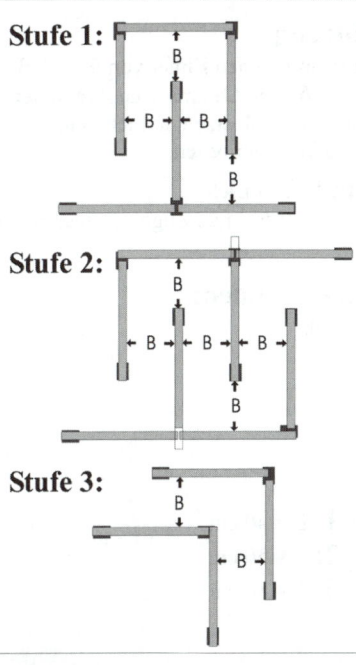

Stufe 1:

Stufe 2:

Stufe 3:

### Ausführung:
Durchreiten, ohne die Stangen zu verschieben oder überzutreten;
in Stufe 3: vorwärts und danach rückwärts.

### Sinn und Zweck:
flüssiges, präzises Treten, Aufmerksamkeit und Genauigkeit, in Stufe 3 auch beim Rückwärtsreiten.

### Fehler, die zählen:
- Stange fällt

**Stufe** 1: B = 1 m, 3 Bogen
2: B = 80 cm, 4 Bogen
3: B = 1 m, vorwärts u. rückwärts

### Aufbau:
- die Stangen gemäß Skizze auf die Steine legen
- werden längere Stangen (z.B. 4 m lang) verwendet, dann jeweils ein Stangenende überstehen lassen, sonst stimmen die übrigen Maße nicht mehr!

### Baumaterial:
- 6-8 Stangen à 3,5 m
- 8-16 Ziegelsteine

## ALLROUND-Wettbewerbe

Geeignet für:
**Aktionsparcours (50 P)**

# Aufgabe Nr. 11
# „Mitnehmen"

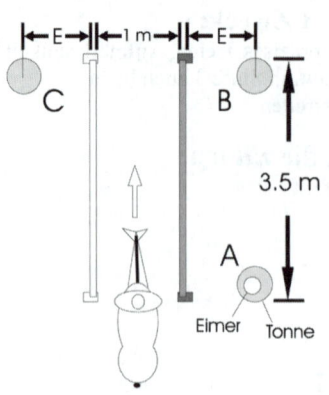

### Ausführung:
Beim Vorbeireiten den Eimer von **A** nach **B** (in Stufe 3 von **A** nach **C**) umsetzen. Wenn der Eimer fällt, dann absitzen, aufnehmen, aufsitzen und weiter reiten.

### Sinn und Zweck:
Reiten des Pferdes mit „Zügel in einer Hand".

### Fehler, die zählen:
- Stange fällt

**Stufe  1:** E = 40 cm
       **2:** E = 50 cm
       **3:** E = 50 cm

### Aufbau:
- Tonnen gemäß Skizze aufstellen
- Eimer auf Tonne A stellen
- Stange(n) auf die Steine legen
- einen Helfer postieren, der den Eimer zurückstellt

### Baumaterial:
- 2 Tonnen
- 1 Eimer
- 1-2 Stangen à 3.5 m
- 2-4 Ziegelsteine

# Aufgaben 1-31

**Geeignet für:**
Präzisionsparcours
Eignungsprüfung

## Aufgabe Nr. 12
## „Mühle"

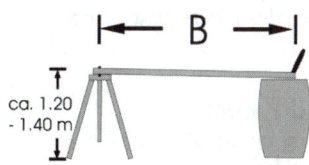

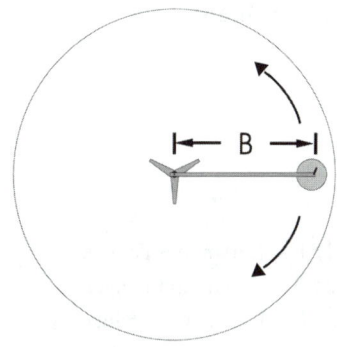

### Ausführung:
Band in die Hand nehmen und einmal rechts oder links herum reiten.

### Sinn und Zweck:
Volte reiten mit „Zügel in einer Hand".

### Fehler, die zählen:
- Latte fällt

### Stufe  1: B = 1.50 m
         2: B = 1.20 m
         3: B = 1.20 m, rechts und links herum

### Aufbau:
„Mühle" gemäß Skizze aufbauen. Dreibein muss sicher stehen und darf auf keinen Fall umfallen können!

### Baumaterial:
- stabiler Ständer (z.B. Dreibein), ca. 1,20 - 1,40 m hoch
- Latte (das Loch am Befestigungsende der Latte muss so groß sein, dass Latte an der Griffseite zu Boden fallen kann)
- Griff mit ca. 50 cm Grifflänge (z.B. Lederband, Kordel o.Ä.) keine Schlaufe, Gefahr hängen zu bleiben!
- 1 Tonne

**ALLROUND-Wettbewerbe**

Geeignet für:
Aktionsparcours (60P)

# Aufgabe Nr. 13
# „Nadelöhr"

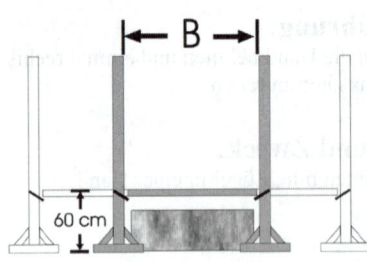

**Ausführung:**
Überwinden des Hindernisses durch Sprung.

**Sinn und Zweck:**
Genaue Führung des Pferdes; Gehorsam; Geschicklichkeit.

**Fehler, die zählen:**
- Stange fällt

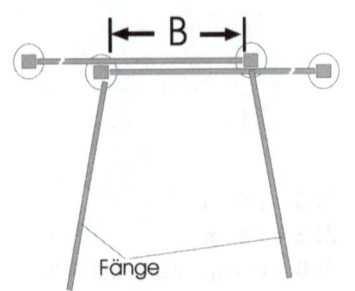

**Stufe 1:** B = 1,50 m, mit Fängen
**2:** B = 1,20 m, mit Fängen
**3:** B = 1,20 m, ohne Fänge

**Aufbau:**
Aufbau gemäß Skizze.

So wird der Aufbau einfacher, wenn man die Stangen nicht abschneiden will:
2 Steilsprünge so versetzt aufbauen, dass B genau eingestellt werden kann.

**Baumaterial:**
- 2 Ständer
- 1 Stange, 1,50/1,20 m breit (s.Stufen) oder:
- 4 Ständer
- 2 Stangen (versetzt, s. Aufbau)

- Unterbau
- 2 Stangen à 3.5m als Fänge (Stufe 1)

# Aufgaben 1-31

Geeignet für:
Aktionspacours (30 P)
Präzisionsparcours

# Aufgabe Nr. 14 „Parade"

Stufe 1+2:   Stufe 3:

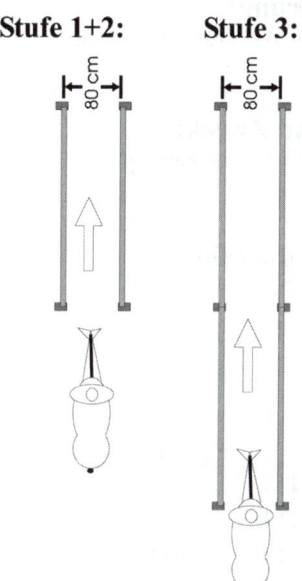

### Ausführung:
Zwischen den Stangen die vorgegebene Parade zeigen.

### Sinn und Zweck:
Gehorsame, durchlässige Parade, ohne dass das Pferd seitlich ausweicht.

### Fehler die zählen:
- Stange fällt
- Parade wird schon vor den Stangen begonnen oder erst hinter den Stangen beendet

Stufe  1: vom Trab zum Schritt (2 Stangen)
2: vom Galopp zum Trab (2 Stangen)
3: vom Galopp über Trab zum Schritt (4 Stangen)

### Aufbau:
Die Aufgabe im Pacours sinnvoll platzieren, z.B. nach einer „Galopp-Aufgabe" und vor einer „Trab-Aufgabe" und dort gemäß Skizze aufbauen.

### Baumaterial:
- 2-4 Stangen à 3,5 - 4 m
- 4-6 Ziegelsteine

# ALLROUND-Wettbewerbe

**Geeignet für:**
Aktionsparcours (10 P)

Eignungsprüfung

# Aufgabe Nr. 15
# „Querast"

**Ausführung:**
Unter dem 'Ast' drunterherreiten.

**Sinn und Zweck:**
Beweglichkeit im Sattel

**Fehler, die zählen:**
- Stange fällt

Kombinationsaufbau (s.Text)

|  | Pferde | Ponys |
|---|---|---|
| **Stufe 1:** H = | 2.00 m | 1.70 m |
| **2:** H = | 1.80 m | 1.65 m |
| **3:** H = | 1.70 m | 1.60 m |

**Aufbau:**
- Hindernis gemäß Skizze aufbauen, Plastikrohr muss leicht fallen können.
- Wenn Pferde und Ponys gleichzeitig in einem Wettbewerb starten, Rohrhalter in den verschiedenen Höhen vorsehen; auch empfehlenswert ist ein Kombinationsaufbau: zwei 'Äste' nebeneinander (s. Skizze).

**Baumaterial:**
- 2 Ständer, ca. 2.5 m hoch
- 1 Plastikrohr

# Aufgaben 1-31

Geeignet für:

Präzisionsparcours

# Aufgabe Nr. 16
# „Querpassage"

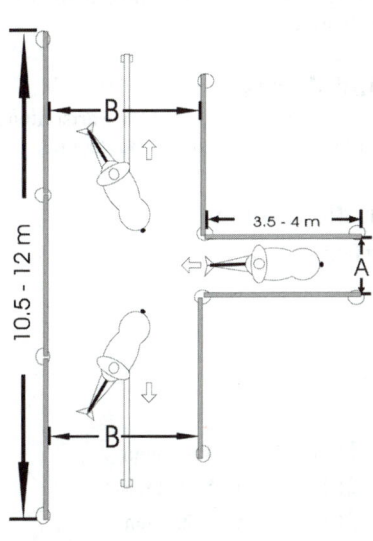

### Ausführung:
Im Schritt einreiten, Schenkelweichen rechts oder links beliebig. Deutliche Abstellung muss gezeigt werden (bis max. 45°).

### Sinn und Zweck:
Genaues Schenkelweichen

### Fehler, die zählen:
- Stange fällt

|  | A | B |
|---|---|---|
| **Stufe 1:** auf Steine, | 1.00 | 2.00 |
| **2:** auf Steine, | 0.80 | 1.50 |
| **3:** auf Steine | 0.80 | 2.00 |
| mit Querstange auf Steinen | | |

### Aufbau:
- Stangen gemäß Skizze auf die Steine oder die Eimer legen
- in Stufe 3 die Querstange von 3.5 m Länge auf Steinen in die Mitte legen
- Parcoursnummer an die Eingangsseite stellen
- bei Verwendung von Eimern beachte Position der Eimer (s. Aufgabe Nr.6)

### Baumaterial:
- 7 Stangen à 3.5 - 4 m
- 10 Ziegelsteine oder Eimer

Stufe 3:
- 9 Stangen à 3.5 - 4 m
- 14 Ziegelsteine oder Eimer

## ALLROUND-Wettbewerbe

**Geeignet für:**
Aktionsparcours (90 P)
Präzisionsparcours

# Aufgabe Nr. 17
# „Querschlag"

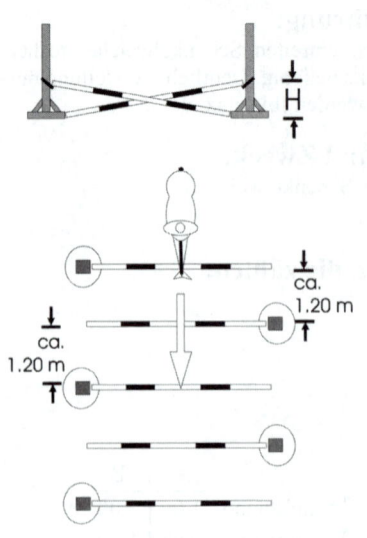

### Ausführung:
Gleichmäßig durchreiten (im Trab), ohne die Stangen abzuwerfen.

### Sinn und Zweck:
Trittsicherheit, selbstbewusstes Vorwärtsreiten, geschmeidiges Mitgehen in die Bewegung.

### Fehler, die zählen:
- Stange fällt

**Stufe 1:** H = 40 cm, 4 Stangen
**2:** H = 40 cm, 5 Stangen
**3:** H = 60 cm, 5 Stangen

### Aufbau:
- die Stangen so auflegen, dass sie fallen können, Abstand ca. 1,20 m

### Baumaterial:
- 4-5 Stangen à 3,5m
- 4-5 Ständer

# Aufgaben 1-31

**Geeignet für:**
Aktionsparcours (50 P)
Präzisionsparcours

# Aufgabe Nr. 18
# „Rein-Raus"

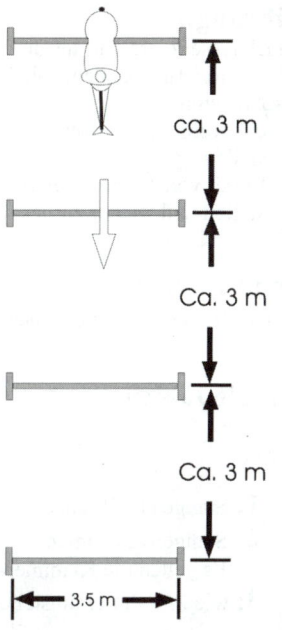

**Ausführung:**
Durchreiten (im Galopp)

**Sinn und Zweck:**
Zügiges Überwinden der Sprünge.

**Fehler, die zählen:**
- umgeworfenes Cavaletti
- ausgelassenes Cavaletti

**Stufe 1:** 2 Cavaletti
**2:** 3 Cavaletti
**3:** 4 Cavaletti

**Aufbau:**
- Cavaletti gemäß Skizze aufbauen, dabei müssen die Abstände genau abgemessen werden
- keine Fänge

**Baumaterial:**
- 2-4 Cavaletti (ca. 40 cm hoch und ca. 3,5 m breit)
- evtl. auch Hindernisse aus Ständern und Stangen

 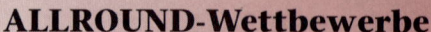

## ALLROUND-Wettbewerbe

**Geeignet für:**

Präzisionsparcours

# Aufgabe Nr. 19 „Sackgasse"

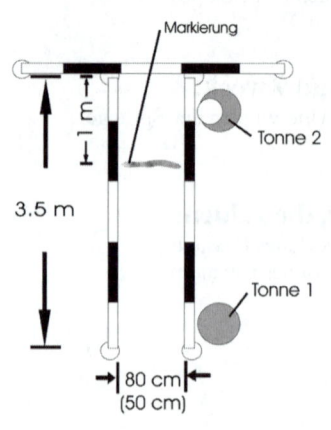

### Ausführung:
In die Sackgasse reinreiten, bis die Vorderhufe hinter der Markierung stehen, anhalten und rückwärts rausreiten.
Stufe 2: dabei Eimer von Tonne 1 auf Tonne 2 stellen
Stufe 3: Eimer von Tonne 1 auf Tonne 2 stellen und wieder zurück.

### Sinn und Zweck:
Gehorsames Rückwärtsrichten, auch „mit einer Hand".

### Fehler, die zählen:
- Stange fällt
- Eimer fällt

**Stufe 1:** Stangen auf Steine
**2:** Stangen auf Eimer, Es gelten die Klammer-Maße
**3:** wie 2, + Eimer umstellen

### Aufbau:
- mit Sägemehl, Latte o.Ä., die vordere Markierung herstellen
Stufe 1: als seitliche Begrenzung Stangen auf die Steine legen
Stufe 2+3: Stangen auf Eimer legen
Stufe 3: die Tonne in Reichweite des Reiters aufstellen, Eimer auf Tonne 1 stellen
- Position der Eimer siehe Aufgabe 6

### Baumaterial:
- 3 Stangen à 3,5 m
- 6 Ziegelsteine/Eimer

Stufe 3:
- 2 Tonnen, 1 Eimer

## Aufgaben 1-31

**Geeignet für:**
Aktionsparcours (30 P)
Präzisionsparcours
Eignungsprüfung

# Aufgabe Nr. 20 „Schlaglöcher"

**Stufe 1+2:**

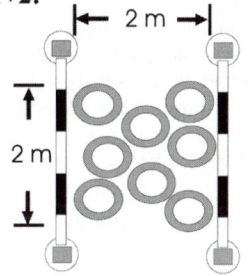

**Stufe 3:**

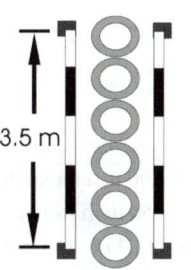

**Ausführung:**
Die Reifen sollen aufmerksam und vorsichtig durchritten werden.

**Sinn und Zweck:**
Trittsicherheit, Vertrauen, keine Ängstlichkeit

**Fehler, die zählen:**
- Stange fällt

**Stufe 1:** 2x2 m, mit Fängen
**2:** 2x2 m, mit Begrenzungsstangen
**3:** Reifenfolge mit Begrenzungsstangen

**Aufbau:**
Stufe 1+2: Die Reifen dicht an dicht auf den Boden legen, sodass ein Quadrat von ca. 2 m entsteht. Seitlich die Fänge hinstellen, ca. 1 m hoch.

Stufe 2: Die Begrenzungsstangen auf Steine (ca. 10 cm hoch) legen.

Stufe 3:
Reifen in Folge direkt hintereinander legen, Begrenzungsstangen auf Steine (ca. 10 cm hoch) legen.

**Baumaterial:**
- 8-10 Reifen.

Achtung: Nur alte Mofa- Moped- oder Motorradreifen verwenden! Niemals PKW- o. LKW Reifen Unfallgefahr!

- 2 Hindernisse als Fänge (2 Stangen à 3,5 m, 4 Ständer)

- 4 Ziegelsteine, Eimer oder dergl.

## ALLROUND-Wettbewerbe

**Geeignet für:**
Aktionsparcours (70 P)
Präzisionsparcours

# Aufgabe Nr. 21
# „Slalom"

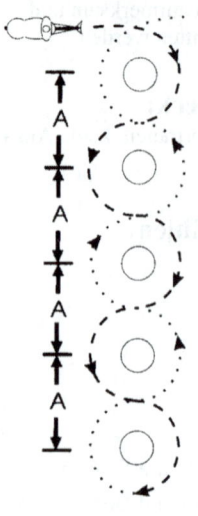

Stufe 1: - - ▶
Stufe 2+3: - - ▶ ·······▶

### Ausführung:
Die Tonnen im Slalom umreiten, ohne dass eine Tonne ausgelassen wird, wobei auch die letzte Tonne umritten werden muss! In Stufe 2 u. 3 hin- und zurückreiten.

### Sinn und Zweck:
Gehorsamer, schneller Richtungswechsel nach rechts und links und beidseitige Biegung.

### Fehler, die zählen:
- Bällchen fällt
- ausgelassene Tonne

**Stufe  1:** A = 4.00 m, einmal durchreiten
  **2:** A = 3,50 m, hin- und zurückreiten
  **3:** A = 3 m, hin- und zurückreiten

### Aufbau:
- Tonnen in gerader Linie aufbauen, dabei seitlich genug Platz lassen
- auf jede Tonne einen Seismographen stellen
- Hindernisnummer auf die Mitte der ersten Tonne stellen, sonst wird sie umgeritten

### Baumaterial:
- 5 Tonnen (Mindesthöhe: 80 cm) (keine Ständer statt der Tonnen nehmen, Verletzungsgefahr !)
- 5 Seismographen
  Ein "Seismograph" besteht aus einem Tennisball, der auf einem Joghurtbecher o.Ä. liegt, sodass er bei einem Joghurtbecher Berührung herunterfallen kann. Man kann auch Kegel und Bällchen aus dem Fahrsport benutzen.

## Aufgaben 1-31

**Geeignet für:**
Aktionsparcours (30 P)

Eignungsprüfung

# Aufgabe Nr. 22 „Sprung"

**Ausführung:**
Überwinden des Hindernisses durch Sprung.

**Sinn und Zweck:**
Springfertigkeit

**Fehler, die zählen:**
- Stange fällt

**Stufe 1:** Höhe H = 50 cm
**2:** Höhe H = 60 cm
**3:** Höhe H = 70 cm

**Aufbau:**
- Auflagen wie beim Springen Klasse E, Stange muss fallen können
- **immer** einen möglichst natürlichen Unterbau (Strohballen, o.Ä.)
- evtl. auch dicker Baumstamm oder Holzstoß möglich, Höhe muss aber stimmen!

**Baumaterial:**
- 2 Ständer
- 1-2 Stangen à 3.5 m
- für Unterbau: Strohballen, Gatter, Zweige, Bürste, o.Ä.
- evtl. dicker Baumstamm gleicher Höhe

## ALLROUND-Wettbewerbe

Geeignet für:

**Eignungsprüfung**

# Aufgabe Nr. 23
# „Traktor"

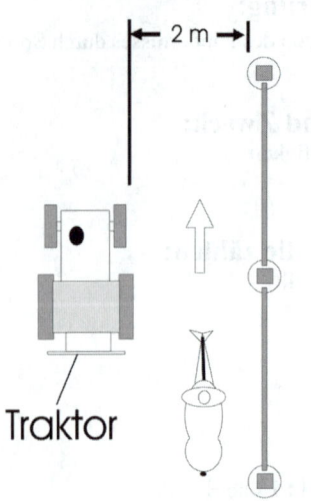

**Ausführung:**
Am Traktor o. Betonmischer vorbereiten.

**Sinn und Zweck:**
Gehorsames, vertrauensvolles Pferd, sicher einwirkender Reiter.

**Fehler, die zählen:**
- Stange fällt

**Aufbau:**
Trakor sollte stehend laufen, er kann während der gesamten Prüfung laufen (ist einfacher) oder jedesmal neu gestartet werden.

**Baumaterial:**
- 2 Stangen à 3.5 m
- 3-4 Ziegelsteine
- ein Traktor oder Betonmischer (mit einigen Kieselsteinen)

# Aufgaben 1-31

**Geeignet für:**
Aktionsparcours (50 P)
Präzisionsparcours

# Aufgabe Nr. 24 „Umsetzen"

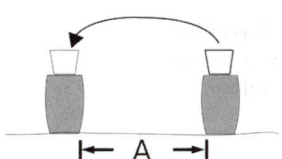

Höhe der Tonnen:
mindestens 1,20 m

### Ausführung:
Zwischen die Tonnen reiten und den Eimer von der einen auf die andere Tonne setzen, wenn Eimer fällt, absteigen und wiederholen, mehrfaches Anreiten möglich.

### Sinn und Zweck:
Ganze Parade, Halten mit „Zügel in der Hand", still stehendes Pferd.

### Fehler, die zählen:
- Eimer nicht umgesetzt
- umgeworfene Tonne

**Stufe 1:** A = 1.00 m
**2:** A = 1.20 m
**3:** A = 1.50 m

### Aufbau:
- Tonnen gemäß Skizze aufbauen und Eimer auf eine Tonne stellen

### Baumaterial:
- 2 Tonnen, mind. 80 cm hoch
- 1 Eimer ohne Bügel

## ALLROUND-Wettbewerbe

**Geeignet für:**

Präzisionsparcours
Eignungsprüfung

# Aufgabe Nr. 25
# „Versorgen"

### Ausführung:
An der vorgesehenen Stelle absteigen und die Vorderhufe anheben (Reihenfolge beliebig), dabei den Zügel nicht aus der Hand lassen. Danach wieder aufsitzen und weiterreiten.

### Sinn und Zweck:
Ruhig stehendes Pferd und gehorsames Hufaufheben.

### Fehler, die zählen:
- Reiter lässt Zügel los
- verschobene Stange

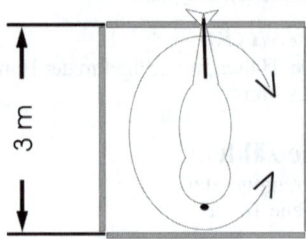

### Aufbau:
- Stangen zu einem Viereck auf den Boden legen

### Baumaterial:
- 4 Stangen à 3 m

**Aufgaben 1-31**

Geeignet für:
Aktionsparcours ( 30P)
Präzisionsparcours
Eignungsprüfung

# Aufgabe Nr. 26
# „Wasserpfütze"

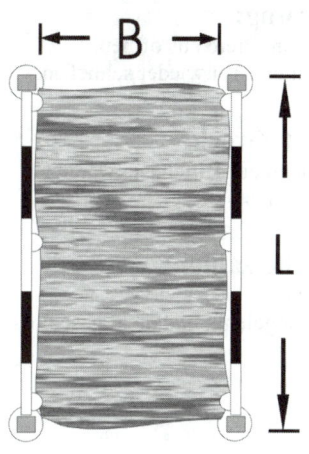

### Ausführung:
Drüberreiten im Schritt.

### Sinn und Zweck:
Vertrauen und Mut, möglichst ohne zu zögern, nicht springen oder drüberstürmen.

### Fehler, die zählen:
- Stange fällt
- drüberspringen

**Stufe 1:** L = 2 m, B = 2 m, mit Fängen
**2:** L = 2 m, B = 1.50 m, ohne Fänge
**3:** L = 3.50 m, B = 1 m, ohne Fänge

### Aufbau:
- Plastikfolie glatt (ohne Falten) auf den Boden legen (im Freien möglichst windgeschützt)
- Folie seitlich mit Steinen oder Eimern beschweren, die mit Sand oder Wasser gefüllt sind,
- bei Stufe 1 Hindernisse seitlich als Fänge, ca. 1 m hoch

- bei zu dünner Plane können die Pferde mit Stollen hängen bleiben,
  = **Gefahr !**

### Baumaterial:
- natürlicher Bachlauf oder Wasserpfütze
oder:
- Plane aus Plastik, festes Material (z.B. Gewebefolie aber keine Schwimmbadfolie: zu glatt !)
- Kegel oder Eimer mit Sand

- Hindernisse als Fänge
  (2 Stangen, 4 Ständer, ect.)

# ALLROUND-Wettbewerbe

**Geeignet für:**

Präzisionsparcours
Eignungsprüfung

# Aufgabe Nr. 27
# „Weidetor"

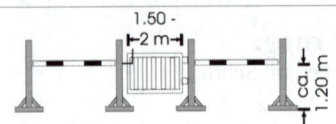

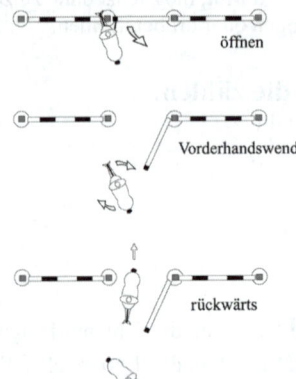

Wendebeispiel:
(es gibt noch andere Ausführungsmöglichkeiten)

öffnen

Vorderhandswende

rückwärts

schließen

**Ausführung:**
Weidetor vom Pferd aus öffnen, durchreiten und Tor wieder schließen.

**Sinn und Zweck:**
Gehorsamkeit auf Hilfen, seitwärts und rückwärts reiten.

**Fehler, die zählen:**
- Stange fällt
- Tor nur angelehnt und nicht geschlossen

**Stufe 1:** Pendeltor
**2:** Tor ist einseitig gegen Reitrichtung zu öffnen
**3:** wie 2, Reiterhand bleibt am Griff

**Aufbau:**
- Tor gemäß Skizze auf Ständern befestigen, der Griff muss leichtgängig und gut zu greifen sein; das Tor darf nicht von alleine zuklappen

- Stangen liegen auf leichten Auflagen in 1,20 m Höhe

**Hinweis für den Veranstalter:**

Diese Aufgabe erfordert viel Zeit bei der Durchführung!

**Baumaterial:**
- Weidetor Breite ca. 1,50 - 2 m, Höhe ca. 1,20 m
- 2 Stangen à 3,5 m,
- 2 Ständer

- siehe Konstruktionsvorschlag

**Aufgaben 1-31**

# Weidetor
## Konstruktionsvorschlag

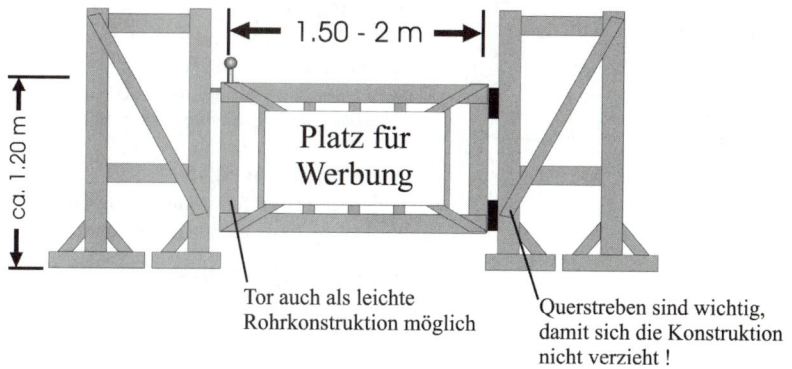

## Riegel (Konstruktionsvorschläge):

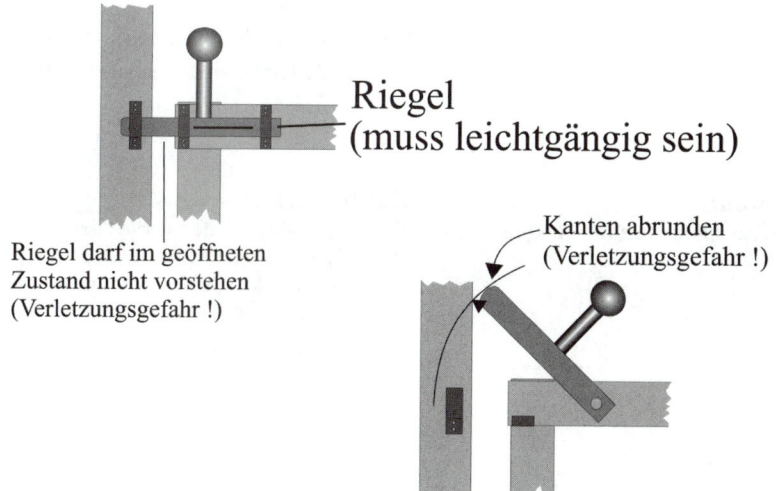

 ALLROUND-Wettbewerbe

**Geeignet für:**

Präzisionsparcours

# Aufgabe Nr. 28
# „Wende"

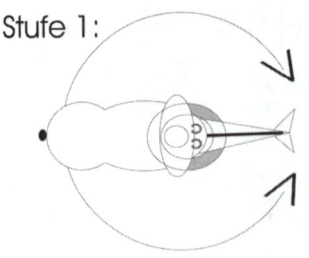

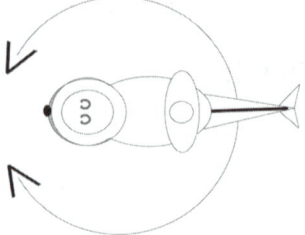

**Ausführung:**
Mit beiden Vorder- oder Hinterhufen in den Reifen treten und jeweils eine Vorder- oder Hinterhandswendung um 180° durchführen. (Rechts- oder Linkswendung nach Wahl).

**Sinn und Zweck:**
Gehorsames Treten in den Reifen und Vorhands- bzw. Hinterhandswendung.

**Fehler, die zählen:**
- herausgestellter Fuß

**Stufe 1:** Vorderhandswende um 180°
**2:** Hinterhandswende um 180°
**3:** wie 1 *und* 2

**Aufbau:**
- auf reichlich Platz im Umkreis achten

**Baumaterial:**
Nur einen Fahrradreifen verwenden! (niemals Mofa- oder Moped, Auto-, Traktor- oder Lkw-Reifen nehmen: Verletzungsgefahr !)

# Aufgaben 1-31

**Geeignet für:**

Präzisionsparcours

# Aufgabe Nr. 29
# „Wendehammer"

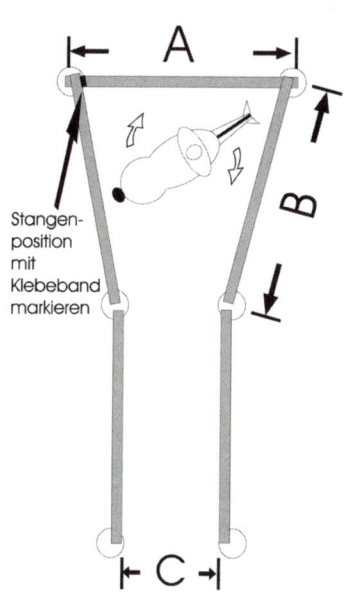

Stangenposition mit Klebeband markieren

## Ausführung:
Vorwärts hineinreiten, beliebig wenden, vorwärts wieder herausreiten.

## Sinn und Zweck:
Genaue und kontrollierte Wendung um 180°.

## Fehler, die zählen:
- Stange fällt

| Stufe | A | B | C |
|---|---|---|---|
| **1:** Stangen auf Steine, | 3,50 | 3,50 | 0,80 m |
| **2:** Stangen auf Steine, | 3,00 | 3,00 | 0,60 m |
| **3:** Stangen auf Eimer, | 2,50 | 3,00 | 0,50 m |

## Aufbau:
- die Stangen gemäß Skizze auf Ziegelsteine bzw. die Eimer legen

Eimer/Stangen nicht in den Innenraum ragen lassen :

Richtig :   Falsch :

## Baumaterial:
- 5 Stangen à 3.5 m
- 6 Ziegelsteine

Stufe 3:
- 6 Eimer

## ALLROUND-Wettbewerbe

Geeignet für:
**Aktionsparcours ( 100P)**
**Präzisionsparcours**
**Eignungsprüfung**

# Aufgabe Nr. 30
# „Windbruch"

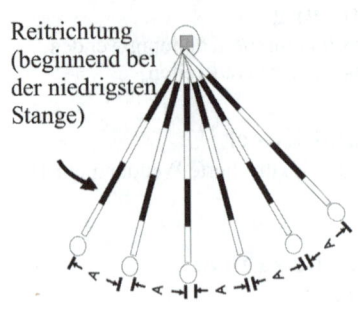

### Ausführung:
Im Schritt durchreiten, ohne die Stangen oder die Eimer zu verschieben.

### Sinn und Zweck:
Trittsicherheit, Koordinierung

### Fehler, die zählen:
- Stange fällt
- weggetretener Eimer

### Stufe 1: 4 Stangen
### 2: 5 Stangen
### 3: 6 Stangen

### Aufbau:
- Ständer muss alle Raster im Abstand der Durchmesser der Stangen haben, damit diese möglichst dicht aufeinander liegen.
- Die unterste Stange zuerst auflegen. Die Eimer dicht an die Stangen stellen. Die Stangen müssen lose aufliegen, damit sie auch fallen können.
- Die Abstände müssen nicht genau sein, sondern können von 60-100 cm variieren.

### Baumaterial:
- 1 Ständer (4-6 Halter)
- 4-6 Stangen à 3,5 m
- 4-6 Eimer (evtl. Kegel)

# Aufgaben 1-31

**Geeignet für:**

Präzisionsparcours
Eignungsprüfung

# Aufgabe Nr. 31
# „Wippe"

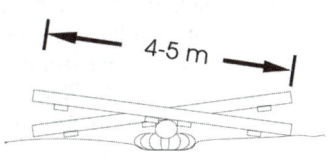

### Ausführung:
Stufe 1+2 : über die Wippe reiten,
Stufe 3 : wie 1+2, bis Vorderhufe wieder auf dem Boden stehen, dann rückwärts zurückreiten.

### Sinn und Zweck:
Vertrauen des Pferdes zum Reiter.

### Fehler, die zählen:
- Stange fällt

**Stufe 1:** mit Geländer und Fänge
**2:** mit Geländer, ohne Fänge
**3:** ohne Geländer, ohne Fänge

### Aufbau:
- die Wippe auf geraden Untergrund legen, Rundholz darf nicht zu tief einsinken (sonst kein Wippeffekt!) (Autoreifen unter dem Querholz verhindern Einsinken in den Boden)
- genügend Raum vor der Wippe lassen, damit sich evtl. herumspringende Pferde nicht stoßen können

### Baumaterial:
- Wippe aus Bohlen (4-5 cm dick, ca. 4-5 m lang, 0,75-1 m breit, Konstruktion wie die Brücke aus Aufg. Nr. 6)
- 1 Rundholz (ca. 1 m lang, ca. 15 cm Durchmesser) etwas aus der Mitte unter der Wippe befestigen, damit Wippe immer nach einer Seite kippt
- 2 Autoreifen
Stufe 1:
- 2 Hindernisse als Fänge
  (= 4 Ständer, 2 Stangen à 3.5 m)

## ALLROUND-Wettbewerbe

# Auszüge aus der LPO 2000

„Das Regelwerk für den deutschen Turniersport – LPO"
*Besondere Bestimmungen für ALLROUND-Wettbewerbe*

**Für Wettbewerbe der „Kategorie C"**
Faire und befriedigende Wettbewerbe werden nur möglich durch verständliche Regeln und Rahmenbedingungen, die auch konsequent befolgt werden. Zur Erleichterung für alle Beteiligten hier nun einige Hinweise auf die wichtigsten:
Für ALLROUND-Wettbewerbe gilt – wie für alle Veranstaltungen der Kat. C – das Regelwerk für den deutschen Turniersport – LPO 2000. Sie liegt in der Regel bei der Meldestelle aus. Auskunft hierüber geben die Richter und der Veranstalter.

*Vor dem Turnier ist zu beachten:*
**Was kann man in Pferdeschauen der „Kat. C" alles ausschreiben?**

### Die „Alternativen" (für alle Reitweisen) :

LPO 2000-Abschnitte B I.1: „Breitensportliche Wettbewerbe", siehe auch: FN-Handbuch Pferdesport Teil III und die Einzelveröffentlichungen der FN zu diesem Thema. Die § Angaben beziehen sich auf die LPO 2000.

- \*\* ALLROUND-Wettbewerbe (§102):
    - *Präzisionsparcours*
    - *Aktionsparcours*
    - *Kombiparcours*
    - *Eignungsprüfung für ALLROUND-Pferde*
- \*\* Wettbewerbe im Umgang mit dem Pferd/Pony (§100)
- \*\* Geschicklichkeitswettbewerbe (§101)
- \*\* Reiter-/Voltigierspiele (§103, §104)
- \*\* Mannschafts-Ballspiele (§105)
- \*\* Formationsreiten und -fahren (z.B. auch Quadrillenreiten) (§106)
- \*\* Streckenwettbewerbe für Reiter und Fahrer, (z.B. auch Rallyes) (§107)

### Die „Klassiker":

LPO 2000-Abschnitt B.I.2: „Reiter-/Fahrer-Wettbewerbe", siehe auch entsprechende Hinweise im „Aufgabenheft -Reiten- Nationale Aufgaben" und in den „Merkblättern". Die §-Angaben beziehen sich auf die LPO 2000.

# Auszüge aus der LPO

- \* Führzügelklassen-WB (§110)
- \* Longenreiter-WB (§111)
- \* Reiter-WB (§112)
- \* Dressurreiter-Springreiter-Geländereiter-WB (§113, §114, §115)
- \* Dressurwettbewerbe der Klasse E (auch Kür- und Mannschafts-WB)
- \* Standard-/Spezialwettbewerbe der Klasse E (auch Stafetten-WB)
- \* Geländeritte (§690) (auch Gruppen-Wettbewerbe)
- \*\* Eignungswettbewerbe für Reitpferde/Ponys (§310/320)
- \*\* Reitpferdewettbewerbe (§300)
- \* Wettbewerbe für Fahrpferde/-ponys (§700 ff)
- \* Voltigierwettbewerbe (§200)
- \* Kombinierte Wettbewerbe (§§800 ff)

Daneben gibt es „Reitertage", „Vereinsvergleichsreiten", „Freundschaftsturniere" und dergleichen, für die die einzelnen Landesverbände in ihren „Besonderen Bestimmungen" vereinfachte Regeln und spezielle Gebührenordnungen anbieten. Diese werden in den Regionalblättern der Landesverbände veröffentlicht oder können bei den einzelnen Landeskommissionen kostenlos bezogen werden. Es empfiehlt sich immer, diese speziellen Regeln zu studieren, da sie die Vorbereitung und Durchführung vereinfachen können.

### Welche Reiter können teilnehmen?

Für die Wettbewerbe, die wir oben mit \*\* gekennzeichnet haben, gibt es für Reiter keine Beschränkungen für die Teilnahme. Ob jung oder alt, ob Profi oder Amateur, ob mit oder ohne Reiterausweis, Leistungsklasse, bisherige Erfolge, all das spielt keine Rolle, auch nicht die Nationalität oder die Reitmethode. Alle können mitmachen!

*Achtung!* Die Veranstalter können in der Ausschreibung den Teilnehmerkreis beschränken: in der Regel wird regional gehandikapt:

> z.B.: „Startberechtigt sind alle Teilnehmer
> - aus dem Kreis Euskirchen **oder**
> - aus den Kreisen Euskirchen, Düren und Erftkreis **oder**
> - Mitglieder der RVe.' Tannengrün' und 'Flinke Hufe' **oder**
> - Reiter der Reitschule „Fritz" u. „Stall Michelsberg" und
> - Mitglieder des RV. ................
>
> **Und** nichtorganisierte Reiter aus der Umgebung
> *(Unfall- und Tierhaftpflichtversicherung vorausgesetzt)* \*
> \* diese Formulierung sollten Sie immer verwenden.

# ALLROUND-Wettbewerbe

**Veranstalter (§7) :**
Jeder Verein oder Pferdebetrieb kann eine „ Kat. C – Pferdeschau" veranstalten, wenn er vom zuständigen Landesverband als Veranstalter anerkannt wird. Er wird anerkannt, wenn er 1) der FN oder dem Landesverband kooperativ angeschlossen ist, 2) die Voraussetzungen für eine sportgerechte und sachgemäße Durchführung der Veranstaltung bietet und 3) die Bestimmungen der LPO 2000 anerkennt.

**Wie wird das Alter der Pferde/Ponys angegeben?**
Für die Startberechtigung gilt nur das **Geburtsjahr** und nicht der **Geburtstag**. Für Pferde/Ponys gilt, dass sie alle am 1. Januar Geburtstag haben. Ab 1. 11. Geborene zählen zum nächsten Jahrgang, d.h.: alle Pferde/Ponys, die vor dem 1.11. des Vorjahres geboren wurden, zählen ab dem 1. Januar ein Jahr älter.

*Beispiel:* Ein Pferd, das im Juli 1995 geboren ist, zählt ab dem 1. Januar 1999 als Vierjähriger. Ein Pferd, das im November 1995 geboren wurde, zählt als Dreijähriger.

**Welche Pferde/Ponys können teilnehmen (§64 – §66)**
Grundsätzlich können alle Pferde und Ponys teilnehmen, vorausgesetzt, sie sind vier Jahre und älter.
Es gibt sonst keinerlei Beschränkungen hinsichtlich Rasse, Alter, ob sie als Turnierpferd eingetragen sind oder nicht. Auch die bisherigen Erfolge, Handikaps und dgl. spielen keine Rolle.

*Besonderheit:* (Bei einigen Prüfungen dürfen jedoch bereits Dreijährige, bei anderen erst Fünfjährige und ältere teilnehmen. Vergl. die einzelnen LPO 2000-Bestimmungen der jeweiligen Disziplinen bzw. der Ausschreibungen.) Auch der Veranstalter kann die Teilnahme beschränken.

*Achtung:* Eine evtl. Beschränkung auf Erfolge ist in **Kat. C** problematisch, da diese nicht immer registriert werden. Wenn man solche Beschränkungen ausschreibt, kann man nur auf gegenseitige Kontrollen vertrauen. Besser ist es, Pferde/Ponys mit Siegen und Platzierungen in der **Kat B** zu beschränken, wenn das sinnvoll erscheint.

**Wie viele Starts pro Reiter und Pferd/Pony (§66)**
Bei Allround-Wettbewerben:
- jedes Pferd/Pony unter dem **gleichen** Reiter: einmal je Wettbewerb
- jedes Pferd/Pony kann unter **verschiedenen** Reitern im Wettbewerb mehrmals starten.

# Auszüge aus der LPO

Der Veranstalter legt in der Ausschreibung die maximale Startzahl fest, z. B.: „Jedes Pferd/Pony kann unter unterschiedlichen Reitern in jedem Wettbewerb einmal, zweimal oder dreimal starten)".
Macht der Veranstalter in der Ausschreibung hierzu keine Angabe, so kann maximal dreimal gestartet werden.
- Reiter mit **gleichem** Pferd/Pony nur einmal in jedem Wettbewerb
- Reiter mit **verschiedenen** Pferden/Ponys maximal dreimal in jedem Wettbewerb

## Gesamtanzahl der Starts pro Pferd/Pony an einem Turniertag:
Die Starts in ALLROUND-Wettbewerben sind nicht beschränkt (wie das z. B. bei Dressur- und Springprüfungen der Fall ist). Wenn Starts in allen Wettbewerben zusammengezählt werden – weil sie pro Tag auf maximal drei begrenzt sind – bleiben die Starts in ALLROUND-Wettbewerben dabei unberücksichtigt! Aus Gründen des Tierschutzes empfehlen wir jedoch höchstens sechs Starts pro Pferd/Pony und Tag.

### Ausschreibung (§23):
Sie ist die Einladung des Veranstalters an die Teilnehmer, in der die Wettbewerbe und die Bedingungen dafür genau aufgeschrieben sind (wir haben Muster für die ALLROUND-Wettbewerbe beigefügt). Änderungen der Ausschreibung sollen vor Nennungsschluss erfolgen.
Ausschreibungen werden i. d. R. sechs Wochen vor Nennungsschluss der zuständigen Landeskommission vorgelegt. Die Landeskommissionen beraten umfassend die Veranstalter und genehmigen die Ausschreibung. Wird eine Veröffentlichung der Ausschreibung in den regionalen Mitteilungen der Landesverbände gewünscht, so sind hier besondere Termine zu beachten! Für Anmeldung, Genehmigung und Veröffentlichung gelten besondere Tarife, die sie bei den Landesverbänden erfragen können.

### Nennungsschluss (§33, §34):
Nennungsschluss ist der Termin, bis zu welchem die Teilnehmer sich beim Veranstalter melden und ihre Teilnahme damit bekunden können.
Die Nennung erfolgt im Allgemeinen zur Erleichterung der Teilnehmer auf einem Formblatt. (Formulare sind auf S. 26 oder über das Internet: www.Pferd-aktuell.de zu erhalten.)
Der Nennungsschluss selbst wird vom Veranstalter festgelegt. Normalerweise ist er 18-25 Tage vor Turnierbeginn. Der Veranstalter kann auch einen oder den 2. Nennungsschluss erst 1 oder 2 Stunden vor Beginn der Wettbewerbe setzen. Jede termingerechte und ordnungsgemäße Nennung muss der Veranstalter annehmen.

# ALLROUND-Wettbewerbe

## Alter der Teilnehmer (§17):
**Junioren** werden im laufenden Kalenderjahr höchstens 18 Jahre alt,
**Junge Reiter/Fahrer** werden im laufenden Kalenderjahr wenigstens 19 u. höchstens 21 Jahre alt,
**Reiter/Fahrer** werden im laufenden Kalenderjahr wenigstens 22 u. höchstens 39 Jahre alt,
**Senioren** werden im laufenden Kalenderjahr wenigstens 40 Jahre alt.
Die Bezeichnung „Teilnehmer aller Altersklassen" umfasst Junioren, Junge Reiter/Fahrer, Reiter/Fahrer und Senioren.

## Richter (§53 – §57):
Für jeden Wettbewerb muss wenigstens ein anerkannter Richter mit der erforderlichen Qualifikation eingesetzt werden. Bei den Landeskommissionen gibt es Listen mit den anerkannten Richtern.

## Aufsicht auf den Vorbereitungsplätzen (§53 – §57):
Für die Aufsicht auf den Vorbereitungsplätzen *für Allround-WB* ist zusätzlich ein anerkannter Richter oder eine Person mit APO Ausbilderqualifikation ( wenigstens mit Reitwart-Qualifikation bzw. Trainer C-Lizenz) einzusetzen.

## Parcoursaufbauer (§41):
Die ALLROUND-Parcours sollen von einem Fachmann aufgebaut werden. Eine Anerkennung als offizieller Parcourschef seitens der Landeskommission ist hierfür nicht erforderlich. Spezielle Kenntnisse vom Aufbau eines Springparcours sind jedoch hilfreich. Der Parcoursaufbauer darf allerdings nicht an einem Wettbewerb teilnehmen, an dessen Aufbau er beteiligt war.
Der Parcours wird nach dem Aufbau von dem Richter abgenommen.

## Unfall- und Notdienst (§40):
Der Veranstalter hat dafür zu sorgen, dass für die Dauer der Pferdeschau Sanitätsdienst, ärztliche und tierärztliche Versorgung, Hufschmied sowie Tranportmöglichkeit für verletzte Pferde/Ponys und ein funktionierendes Telefon sichergestellt sind.

Mindestanforderungen im Einzelnen:
**Sanitätsdienst und ärzliche Versorgung**: Bei Anwesenheit eines Sanitätsdienstes mit mind. zwei Personen mit der Mindestqualifikation „Sanitätshelfer" mit Ausrüstrung und einem Notfallkoffer gem. DIN 13232 Anwesenheit eines Arztes; bei Anwesenheit eines Sanitätsdienstes, dem eine Person mit der

# Auszüge aus der LPO

Mindestqualifikation „Rettungssanitäter" angehört, schnellste Einsatzbereitschaft eines Arztes.
**Tierärztliche Versorgung:** Die Anwesenheit oder schnellste Einsatzbereitschaft eines Tierarztes (hierzu siehe auch bes. Bestimmungen der Landeskommissionen).
**Hufschmied:** Anwesenheit oder schnellste Einsatzbereitschaft.

Die Anzahl und Ausrüstung der unter 1.–4. genannten Notfallversorgungsdienste sind den örtlichen Gegebenheiten sowie dem Veranstaltungsprofil der PS/PLS anzupassen und mit den für die unter 1.–4. genannten Dienste Verantwortlichen vor der Veranstaltung zu regeln.
Denken Sie an die Haftung des Veranstalters, empfohlen wird ein schriftlicher Vertrag zwischen dem Verantwortlichen dieser Dienste und dem Veranstalter.

## Während des Turniers:

### Verpflichtung aller Teilnehmer (§6):
1) Alle Teilnehmer sind zu reiterlicher Haltung gegenüber dem Pferd/Pony und zu sportlich-fairer Haltung untereinander verpflichtet.
2) Die Ausrüstung der Pferde/Ponys und der Teilnehmer muss den Regeln der jeweiligen Reitlehre sowie den Grundsätzen der Unfallverhütung und des Tierschutzes und ggf. der Straßenverkehrsordnung entsprechen. Der Teilnehmer ist alleine dafür verantwortlich, dass diese Grundsätze und Regeln und die Voraussetzungen für die Teilnahme eingehalten werden.

### Meldeschluss (§45):
Der Teilnehmer gibt seine Startbereitschaft *bis spätestens eine halbe Stunde* vor Beginn des Wettbewerbes an. Hinweis am schwarzen Brett oder Zeiteinteilung beachten.

### Reiterwechsel und Pferde-/Ponytausch (§35):
Spätestens bis zum Meldeschluss an der Meldestelle angeben.

### Nummernschilder (§47):
Jedes Pferd muss beidseitig deutlich sichtbar eine Nummer tragen, die während der Veranstaltung nicht gewechselt wird. Diese Nr. ist vom Teilnehmer mitzubringen. Wenn sich eine Nummer auf einen Reiter beziehen soll (z. B. wenn Pferde unter verschiedenen Reitern starten), sollten beide eine Nummer tragen, die während des ganzen Turniers die gleiche bleibt.

# ALLROUND-Wettbewerbe

## Ausrüstung der Reiter (§68):

Vorbemerkung:
Die Ausrüstung der Reiter muss den Regeln der betreffenden Reitlehre und den Grundsätzen der Unfallverhütung und des Tierschutzes entsprechen.

Im Einzelnen gilt Folgendes:

**I Anzug:**
Der Anzug richtet sich nach Art und Anlass der Wettbewerbe. Vorgeschrieben ist ein beliebiger, zweckmäßiger Reitanzug mit Stiefelhose und Stiefeln bzw. Jodhpurhose und Stiefeletten.
*(Aus Sicherheitsgründen bitte keine Halbschuhe oder Sandalen tragen, auch keine Röcke und Hosen, deren Beine sich aufkrempeln!)*

**II Kopfbedeckung:**
Vorgeschrieben ist für:
1) Teilnehmer, die im laufenden Kalenderjahr höchstens 18 Jahre alt werden: bruch- und splittersicherer Reithelm mit 3- bzw. 4-Punkt-Befestigung.
2) Teilnehmer ab 19 Jahre und älter: Passende Kopfbedeckung, bei Westernreiter: Westernhut.
3) Teilnahme am Aktionsparcours mit Sprüngen: bruch- und splittersicherer Reithelm mit 3/4 Punkt-Befestigung. Empfohlen wird ein Schutzhelm, der der europäischen Norm „ EN 13 84" 1996 genügt. *(Im Ausrüstergeschäft nachfragen!)*

**III Erlaubte Hilfsmittel:**
1) Gerte, maximal 75 cm lang (inkl. Schlag), zugelassen
2) Sporen. Zugelassen, sofern diese bei normaler Anwendung nicht geeignet sind, Stich- oder Schnittverletzungen zu verursachen. Max.Dornlänge: 4,5 cm, für Ponyreiter max. 3,5 cm.
*Für Islandpferdereiter: Sporen nicht erlaubt.*
*Für Westernreiter: Westernradsporen erlaubt.*

## Ausrüstung der Pferde (§70):

*Vorbemerkung:*
Die Ausrüstung der Pferde/Ponys muss den Regeln der Reitlehre und den Grundsätzen der Unfallverhütung und des Tierschutzes entsprechen. Im Einzelnen gelten folgende Bestimmungen:

# Auszüge aus der LPO

Zulässige Ausrüstung in Reit-WB/-LP gemäß LPO (Ausnahme für WB gemäß Abschnitt B.I.1: gemäß Ausschreibung).
Zur zulässigen Ausrüstung gehören: Sattel mit Decke, Vorgurt und Schweifriemen.
Steigbügel/Steigbügelriemen frei von der Sturzfeder herabhängend.

**A Zäumung** *(Gebisse und Reithalfter)*
   *Es sind alle „pferdefreundlichen" Zäumungen zugelassen. Im Zweifelsfalle entscheidet der Richter endgültig!*

**B Sonstige erlaubte Ausrüstung bzw. Zubehör:**
   - Bandagen und Gamaschen *
   - Streichkappen und Springglocken *
   - fell- oder sonstige schonende Unterlagen *
   - Fliegenschutz an den Ohren *
   - Gummischeiben am Gebiss

   *\* Achtung: Bei der Beurteilung der Grundgangarten im Rahmen einer „Eignung für Allround-Pferde" sind diese Ausrüstungsgegenstände nicht erlaubt!*

**C Erlaubte Hilfszügel:**
   gleitendes Ringmartingal

**D Hufbeschlag und Hufpflege:**
   Müssen zweckdienlich und in Ordnung sein, nicht gestattet sind Bleiplatten und Gewichte, ob sichtbar oder unsichtbar.

**E Ausrüstung der Pferde auf den Vorbereitungsplätzen:**
   Grundsätzlich wie für den Wettbewerb selbst. Zusätzliche Ausrüstungsteile sind nicht zugelassen.

## Parcoursskizze (§506)
Eine Skizze des Parcours wird in der Nähe des Einlasses zum Platz oder am „schwarzen Brett" vor Beginn der Prüfung zur Information der Teilnehmer angeschlagen.

## Parcoursbesichtigung (§505 1.)
Vor Beginn des Wettbewerbes können die Teilnehmer den Parcours einmal besichtigen. Empfehlenswert ist eine <u>gemeinsame Parcoursbesichtigung</u> aller Teilnehmer und Richter, wobei der Richter Erklärungen gibt z.B. zum Ablauf, der geforderten Art und Weise, wie die Aufgaben zu bewältigen sind, zu den Regeln und dem Bewertungsverfahren. Der Veranstalter kann eine Besichtigung zu Pferde/Pony erlauben.
Während des Wettbewerbs ist keine Besichtigung gestattet.

# ALLROUND-Wettbewerbe

### Startfolge (§48):
In der Regel alphabetisch gemäß Tabelle. *Der Anfangsbuchstabe und das Kriterium (Reiternachname oder Pferdename) stehen in der Ausschreibung. Reiter mit mehreren Pferden/Ponys melden sich an der Meldestelle.*

### Startbeginn (§49):
Vor dem Start gilt der Gruß den Richtern gegenüber. Erst dann starten, wenn die Richter den Start durch Klingelzeichen freigegeben haben. Gestartet ist der Teilnehmer, der die Startlinie durchritten hat bzw. mit seiner Aufgabe begonnen hat.

### Pferdekontrollen (§67):
Tierarzt und Richter übernehmen gemeinschaftlich die Pferdekontrollen. Dabei werden die Verfassung der Tiere, die ordnungsgemäße Ausrüstung und der Hufbeschlag einer kurzen Prüfung unterzogen. Die Teilnehmer stellen die Pferde/Ponys ohne Gamaschen und Sattel vor. Diese Maßnahme dient zum Schutz der Pferde/Ponys, die an den Wettbewerben teilnehmen.

### Fremde Hilfe (§517):
Nicht erlaubt ist: Einmischung von Dritten in der Absicht, die Aufgabe des Teilnehmers zu erleichtern oder seinem Pferd/Pony zu helfen (dies gilt nicht nach einem Sturz vom Teilnehmer/Pferd).

### Platzierung (§59):
Wenigstens 25 % aller Starter sind zu platzieren, wenigstens jedoch vier. Der Richter kann – mit Zustimmung des Veranstalters – mehr platzieren.

### Teilung in mehrere Abteilungen (§50):
Die Teilung *von Allround-WB* erfolgt nach Ermessen des Veranstalters, mindestens jedoch wie folgt:
Nach der Anzahl der **Starter**:
  bei 31 bis 50 Startern in zwei Abteilungen
  bei 51 bis 70 Startern in drei Abteilungen,
  bei 71 bis 90 Startern in vier Abteilungen....

Oder auch nach **Nennungen** (z.B. Alter der Reiter u./o.Pferde/Ponys ...), dann:
  bei 51 – 80 Nennungen in zwei Abteilungen
  bei 81 – 120 Nennungen in drei Abteilungen ...

# Auszüge aus der LPO

**Ausschluss (analog §519):**
In nachfolgenden Fällen **muss** der Teilnehmer vom Wettbewerb ausgeschlossen werden:

o Wenn er nach Aufruf zum Start über den Platzlautsprecher binnen 60 Sekunden nicht auf dem Prüfungsplatz eingeritten ist.

o Wenn er ohne Sondergenehmigung der Richter abgesessen den Prüfungsplatz betritt oder verlässt bzw. aufgesessen das Pferd hineinführen lässt.

o Wenn 60 Sekunden nach dem Signal zum Start der Start nicht erfolgt ist.

o Wenn er startet, bevor das Signal zum Start gegeben ist.

o Wenn er auf dem Prüfungsplatz vor dem Start bzw. nach dem Ziel vorsätzlich eine Aufgabe ausführt.

o Wenn er auf dem Prüfungsplatz eine Aufgabe ausführt, die nicht zum Parcours des Wettbewerbs gehört.

o Wenn er eine Aufgabe außerhalb der vorgeschriebenen Reihenfolge ausführt. (falscher Parcours).

o Wenn er eine veränderte Aufgabe ausführt, bevor sie wieder aufgebaut wurde.

o Wenn er nach einer Unterbrechung weiterreitet, ohne das Freigabesignal abgewartet zu haben.

o Wenn er Einzelheiten des Parcours verändert.

o Wenn er auf dem Prüfungsplatz eine Aufgabe von der falschen Seite ausführt.

o Wenn er eine nicht erlaubte Ausrüstung oder Ausrüstungsteile verwendet.

o Wenn Reiter und/oder Pferd nach dem Start den Prüfungsplatz vor Beendigung des Parcours verlassen.

o Wenn er außerhalb des Wettbewerbs den Prüfungsplatz betritt (Ausnahmen hiervon können von der Turnierleitung zugelassen werden).

o Wenn sich ein Pferd 60 Sek. hintereinander während des Parcours widersetzt.

# ALLROUND-Wettbewerbe

o Bei unreiterlichem Benehmen auf dem Vorbereitungs- oder Prüfungsplatz.

o Verbotene „fremde Hilfe".

o Bei Nichtbeachtung von Vorschriften, Geboten und Verboten der LPO 2000.

### Geld-/Ehrenpreise (§25 – §27) :
Der Veranstalter hat die Wahl zwischen mehreren Ausschreibungsmöglichkeiten:
1) Ehrenpreis für den Sieger, Schleifen für die Platzierten, Einsatz: DM 6.- je Wettbewerb.
2) a) Gesamtgeldpreis je Wettbewerb oder Abteilung DM 200,00 (mit folgender Einteilung: 50,00; 40,00; 30,00; 20,00; 20,00; 20,00; 20,00)
In diesem Fall muss nur für den Sieger ein Ehrenpreis gegeben werden, jedoch Schleifen für alle Platzierten.
Der Einsatz beträgt je Wettbewerb DM 10,00 oder:
b) Ehrenpreise für alle Platzierten im Wert der Geldpreise wie 2a)
Und Schleifen für alle Platzierten. Der Einsatz beträgt je Wettbewerb DM 10,00. Mehreinnahmen aus Einsatz gegenüber den auszuzahlenden Geldpreisen bleiben dem Veranstalter zur Deckung seiner Kosten.

### Registrierung der Erfolge (§5.1.8):
Die Erfolge werden nur soweit erforderlich von einigen Landeskommissionen registriert. In diesen Fällen sendet der Veranstalter Richterzettel, Ergebnislisten und Programmheft der Landeskommission zu.

### Einspruch/Rechtsordnung:
Jeder, der sich direkt durch die Platzierung benachteiligt fühlt, kann Einspruch einlegen. Dies geschieht schriftlich gegenüber dem Veranstalter, zusammen mit einer Haftsumme von DM 100,00. Dies muss spätestens eine halbe Stunde nach der Platzierung erfolgen. Über den Einspruch entscheidet dann unverzüglich das Schiedsgericht. Bekommt der Teilnehmer Recht, erhält er die DM 100,00 zurück. Im Übrigen gilt die Rechtsordnung der LPO 2000, 900 ff.